中国100强 CHINA 名师名作 039

M立方

寻找适合中国企业的最佳商业模式

吴东◎著

中国财政经济出版社

图书在版编目（CIP）数据

M立方：寻找适合中国企业的最佳商业模式 / 吴东著 .— 北京：中国财政经济出版社，2014.10
（中国100强名师名作）
ISBN 978-7-5095-4796-0

Ⅰ.①M… Ⅱ.①吴… Ⅲ.①商业模式 Ⅳ.①F71

中国版本图书馆CIP数据核字(2013)第214497号

责任编辑：郭爱春　　责任印制：刘春年
责任校对：胡永立　　装帧设计：盛世纳唐

中国财政经济出版社出版
URL：http：//www.cfeph.cn
E-mail：cfeph@cfeph.cn

社址：北京市海淀区阜成路甲28号　邮政编码：100142
营销中心电话：010-88190406　北京财经书店电话：010-64033436
北京富生印刷厂印刷　各地新华书店经销
787×1092毫米　16开　13.25印张　152 000字
2014年10月第1版　2014年10月北京第1次印刷
定价：35.00元
ISBN 978-7-5095-4796-0/F·3878
（图书出现印装问题，本社负责调换）
本社质量投诉电话：010-88190744
反盗版举报热线：88190492　88190446

中国100强名师名作 CHINA

编委会

目　录

序　言

适合的才是最好的

1979年，当可口可乐公司以“试探性”的姿态进入中国市场的时候，它万万没想到现在平均每个中国人每年会喝掉20瓶可口可乐。

2008年，北京奥运会前夕，当一向对中国市场倨傲不逊的苹果公司开始向中国发力的时候，连苹果公司的CEO库克都惊呼“中国市场的确让我们大吃一惊，中国市场的增长幅度远超过其他地区。”

这就是“中国市场”的魔力！

有人不服气地说：“凭什么外国企业都来中国圈钱？为什么人家的商业模式就能让企业赚得钵满盆满？”

也有企业不甘示弱：“我一定要为我的企业找到最好的商业模式。”

那么请问，何为“最好”？最好的就一定适合你的企业吗？

放眼未来发展，让企业赢利、为企业创富，是所有企业家的使命。但是，商业模式的选择比盲目地努力更重要。在世界500强企业中，有60%的企业是靠商业模式创新做大的。但创新的前提在于，企业建立了适合自己的商业模式。

什么是商业模式？

商业模式第一次出现是在20世纪50年代末期，到了90年代才开始被广泛传播和使用。随着我国经济的飞速发展，这个词在当今社会出现的频率也相当高。被大众广泛接受和认可的定义是："商业模式，即一种包含了一系列要素及其关系的概念性工具，用以阐明某个特定实体的商业逻辑，它描述了公司所能为客户提供的价值以及公司的内部结构、合作伙伴网络和关系资本等借以实现创造、推销和交付这一价值，并产生可持续盈利收入的要素。"

商业模式作为"舶来品"，国内企业对它的了解和运用都较少。一位全球著名的管理大师曾说："当下的企业竞争，不是产品之间的竞争，而是商业模式的竞争。"特别是在经历了2000年互联网泡沫破裂之后，更多企业希望通过建立商业模式来获得更多利润。

如今，在美国60%以上的企业已经建立了商业模式，不少人将其看成是一个值得深入研究的新课题。

一个适合企业自身发展的商业模式是"推动更好交易的结构"，它是一种"模型"。当其中的各个环节保持正常运行的时候，企业就会朝着更好的方向发展，继而获得更多利润。

对于中国的企业（尤其是中小企业）来说，打造"适合自己"的独特商业模式，是提升企业市场竞争力的关键。

在我国，不少企业没有核心竞争力，业务往往"散"、"乱"、"杂"，没有形成自己的商业模式。而在建立商业模式的过程中，不少企业家单纯地复制国外或其他企业的模式，将其应用到自己的企业后，不仅出现了各种各样的问题，还渐渐偏离了原有的发展轨迹，最终也只能是邯郸学步。

真正适合我们中国企业的，才是好的商业模式。这样的模式有利于企业确立发展战略，聚集资源，传播品牌，使企业逐渐形成核心竞争力。道理很简单，好比你看见别人吃酸橘很享受的样子，于是你也吃一瓣，结果酸得牙疼。这时你才发现，原来酸橘并不适合你的味蕾，唯有吃了甜橘你才会觉得那是人间美味。所以，企业打造商业模式，一定要适合自己。不管是原创还是借鉴，企业都应该根据自己的实际情况，准确定位并不断提升、优化。检验一种商业模式是否真正适合自己，简单来说，就是看这种模式是否能提升企业的赢利能力、核心竞争力和持续发展能力。

在选择、建立商业模式前，企业必须考虑如下问题：

第一，你的“利益相关者”有哪些？

第二，这些人能够拿什么同你交换？

第三，大家要如何设计维持共赢的交易结构？

中国的商业模式，最早是从互联网企业发展过来的。随着行业变迁和时代的发展，商业模式与企业联系到了一起。企业的目标是：用最低的成本获取最大的价值，并且持续盈利。

本书是写给想要全面了解商业模式，从中汲取经验，寻找适合自己企业商业模式的企业家，也包括一切在竞争激烈的商界苦苦打拼、奋斗不息的人们。

本书介绍的“M立方商业模式”具有相当稳定的特性，它的目标是服务于超级企业，如大型展会、奥运会，最终将企业核心力塑造成一个强大的“立方体”。

本书第一部分介绍了商业模式的时代背景、现状以及面临的问题。

第二部分为企业指明了未来发展方向，提出了成功商业模式设计的五步法。

第三部分专门针对中国企业存在的问题，探讨了如何突破创新、寻找适合中国企业的商业模式问题。

书中融入了大量实战案例，列举出商业模式带给企业的“神奇”效果，让读者有较为深刻的认识；也展示出企业通过建立适合自己的模式，成为业界领导者，希望能给读者以智慧的启迪。

在普通人眼中，商业模式似乎是一个难懂的术语。本书则是以浅显的分析诠释了商业模式的真谛，语言通俗易懂，案例贴近现实，本书为您呈现了一幅可用、实用、好用的“商业版图”。

卓越的企业必定是优秀企业家的“杰作”，适合企业发展的模式也会深深烙上企业家的印记。企业家的战略决策和思想境界决定着企业未来的成败。我们相信，中国的企业家经过不断地思考、努力和创新，一定会找到适合自身发展的最佳商业模式！

Part 1

商业模式时代来临

第一章　商业模式的六大流派掠影

第一个流派：商业模式史前流派

“商业模式”这个词第一次问世是在20世纪50年代末期，到了90年代初，“商业模式”这四个字才开始在商圈内广为流传，经过不断地传播后来才为更多的人所用。随着我国经济的飞速发展，这个词在当今社会出现的频率相当高，目前，被大众广泛接受和认可的商业模式的定义是：“商业模式，即一种包含了一系列要素及其关系的概念性工具，用以阐明某个特定实体的商业逻辑，它描述了公司所能为客户提供的价值以及公司的内部结构、合作伙伴网络和关系资本等借以实现创造、推销和交付这一价值并产生可持续盈利收入的要素。”

将“商业模式”的概念应用到商业领域，不同的人有不同的见解。盛景网联咨询培训集团联合创始人彭志强这样形容商业模式，“你自己可以复制自己，但别人却很难复制你！”马云认为，中国还没有自己的商业模式，目前，中国的商人是参考西方商业模式的概念，在走一条西方的商业模式化道路。

其实，商业模式的概念并没有想象中的那么复杂，简单地说，即利益相关者的价值交换。任何一家公司，都需要持续向客户提供价值才能够保证自身不断增值。而商业模式要解决做什么、为谁而做，以及如何赚钱这三个问题。至于如何赚钱，指的是企业的盈利模式。盈利模式包括在商业模式之内。

对于企业而言，商业模式像是一个庞大的运营系统，通过内外资源的整合，满足企业发展的需求和价值，形成企业的核心竞争力。商业模式所包含的内容和种类非常宽泛，它主要包括企业的盈利模式和运作模式，在此基础上加以创新，形成了全新的广告模式、鼠标 + 水泥模式，最具代表性的当属 B2B、B2C 模式。

然而，当企业遇上百年一遇的全球金融风暴，特别是对我国中小型企业来说，既是一次史无前例的挑战，也是百年一遇的商业资本契机。曾有财经媒体直指中国中小型企业的发展软肋——“商业模式创新”问题。一个优秀的企业 = 优秀的商业模式 + 强大的运作团队，若没有一个好的商业模式，就别提运作了。

曾有不少朋友问我：“最好的商业模式是什么样的？”一个商业模式之所以能称得上“好”，关键要看这个商业模式被开发后能产生多大的价值！成本越低，利润越高，商业模式的价值就越大！如何才能实现这一点，一方面企业要以顾客需求为导向，另一方面要以降低交易成本为导向，然后根据自己现有的资源和能力进行评估，最终你能从中获得的利润就是企业未来的盈利模式，最后从得出的数值大小可以判断这个商业模式是否有价值，是不是“够好”。

在美国，六成以上的成功企业都是因为商业模式上的创新，在我国，近年来商业模式才逐渐成为商界关注的热点话题。美国商业协会最新一项调查报告指出，从全球范围来看，企业对商业模式的创新付出的投入，占不到总投资的 10%。原因何在？主要是因为企业对于商业模式的了解还不够清晰，很多人都是做了好几年企业之后才真正了解商业模式确切定义的。

在正式学习商业模式之前，我们有必要回顾一下商业模式的发展历史，对早期、近代、现代这几个阶段的商业模式的发展有所了解。

在商业模式的六大流派中，最早出现、应用范围最广的是“史前流派”，何谓史前流派？

首先，从企业发展的角度来说，就是在商业模式雏形刚刚产生、初步发展时的企业发展战略。企业战略自身具有非常多的小派别，它比商业模式可能早几十年，其中包括一些解决问题的规律、思路、原则。

战略理论本身是一个非常复杂的系统，它是根据企业环境变化、本身资源和势力，选择合适的经营产品，形成自己的核心竞争力，这是非常普遍的一个说法。其内部也有非常多差异化的东西。最经典的是波特的企业竞争三大战略——总成本领先、差异化战略和集中化战略。他的战略不一定是最好的，也不一定是最新的，但它是曝光率最大的，所以波特被誉为“竞争战略之父”。

其次，从企业成长的过程来说，就是在商业模式雏形刚刚产生、初步发展的时候，人们在一定的条件下所进行的产品销售、提供服务等一系列商业活动。这种商业模式是“店铺模式（Shopkeeper Model）”，即在具有已知或潜在消费者群的商圈内，进行宣传、开设店铺、展示产品或服务。这也是目前最基本的一种商业模式，出现时间最早，所以我们也可以将其划分为“史前流派”。这种商业模式非常简单，通常是由选址、宣传、开店、销售四个环节组成。

然而，不管是哪一种模式，哪一种解读方式，我们有理由相信，定模式，定天下。在未来十年内，我国的企业要想腾飞发展，必定是依托商业模式获得成功的企业。商业模式的力量就是我国企业在不久的将来成功登陆西方发达国家资本市场的最有力的支点和杠杆！

第二个流派：浅尝辄止流派

事实上，马云所认为的“中国尚无商业模式”论，并非没有其观察的出发点和提出的依据。由于商业模式这个概念的正式提出和出现都不算久远，因此，更多的朋友是在网上的相关搜索中得到关于商业模式的一些认识。虽然这些认识中不乏经验之谈、金石之策，但是，依据互联网搜索到的商业模式分析和研究，其共同缺点在于缺乏深入和直接的探讨。而对于受众来说，他们对商业模式理论的急迫需求，又给这个层面上的分析和研究以较大的生存空间。

在这样的情况下，商业流派中的第二个流派，也就很自然地以浅尝辄止的特点出现在市场面前。

关于“商业模式”，主要有下面几种不同的论述，这些论述中，的确有着对企业家和管理者有益的内容，但其中也不乏一些更倾向于获得利益的文章或理论。

第一种论述是“历史派”。在这种论述方法下，商业模式研究的历史被重新包装并重新推出，具有相当的历史学术感，并尽量全面地向读者解释和介绍商业模式。

在介绍商业模式时，这种流派经常会将泰莫斯对商业的定义进行再次列举。如，商业模式是完整的产品服务所构成的信息流，而其中包括每个参与者在过程中发挥的作用，以及同模式中参与者的潜在利益相近的收益来源方式等等。

不过，这种流派分支从总体上来看，更加趋向于对商业模式进行理念上的分析，在战略上对企业的意义，要远远大于实际操作层面上的。换而言之，该流派本身过于偏重学术，书卷气太浓，实际指导企业就相当困难了。

我的一位学员曾经阅读过这种流派的文章，在读完洋洋洒洒上万字之后，这位学员的确学习到了很多关于商业模式的学术名词，但放下文章，却发现自己并没有学到如何利用商业模式来赚取利润、发展企业的方法。这种浅尝辄止的商业模式中的“学术”流派多少有点“下笔虽有千言，胸中实无一策”的感觉。

第二种论述是“商业化”的商业模式流派。在这种流派指导下，商业模式的知识和理论成为一种广告效应，具备了相当的商业化实质，同时在个人力量的推广下不断获得发展。当然，将商业模式进行“商业化”的专家，并不一定就是研究专业模式的，但由于商业模式的理论容易聚集各行业的企业家，可以带动人气，最终带来较高的经济回报，因此，有不少培训师都朝向这个流派中发展。

在这种流派中，不少培训师很有名气，他们也成功地为自己开发了一套相当优秀的“服务模式”：利用推广讲解商业模式的知识理论，获得一定规模的培训客户数量，之后深入服务，提供咨询，获取咨询费用。但是，如果真正研究他们的文章，会发现内容上实际并不够深入，有些地方还可能会误导学习者。这种将商业模式的推广商业化的流派，虽然人数不多，但造成的影响可能比较深远。

无论上述两个流派中的哪一个，都不能算真正触及商业模式的深刻内涵，其目的或者在于展示了商业模式的表层外在体现，又或者是为了赚取以培训费为形式的利润。由于篇幅所限，其具体的特征、说法和操作手法，不再深入探讨。但本书所认为的商业模式，同前两种流派是截然相反的。

真正的商业模式并非是通过一两次学习或阅读一两篇文章就可以看见的。这是因为商业模式的建立、运作和改进、提高，都离不开风投资本的参与，而众所周知的是，任何风投资本对商业模式的参与，都是为了赚取利润和回报。因此，风投资本所看重的特点和优势，不可能是如此浅尝辄止就能体现的，也不会像大量学术论文、演讲鼓动那样直截了当。因此，网络上有不少关于商业模式的论述，都不足以让企业将之作为真正的理论支持，实事求是地说，作为商业爱好者的读物，才是其真正的价值所在，而用来直接指导企业，恐怕显得心有余而力不足。

不过，在浅尝辄止的商业模式中，也有一些特点值得企业家从中学习与借鉴：

首先，这种商业模式流派肯定不能全部照搬，否则，企业家们将会感受到“风险自负”的另一层含义。但是，如果将浅尝辄止商业模式本身作为一种成功原型，以及其中出现的可以借鉴的知识要点、操作手法和维系手段等，来激发企业家自身的创造灵感，效果还是相当不错的。

其次，一些浅尝辄止的商业模式表述、研究和评选，具有相当的时效性优势，能够体现出商业模式的风潮走向，值得企业家们充分借鉴和关注。

第三个流派：中国的本土圈流派

从共产主义思想到社会主义实践，从文学美术到音乐电影，诸多来自于西方的先进理论都必须要经过中国特色的转变，从中国人并不容易接触和理解的大学讲堂、表演舞台和媒体宣传中走下来，充分结合中国的本土实际，融入中国国情，并最终形成中国人自己的理念和文化。

同样，在商业模式的流派中，“本土圈流派”是研究更加深入的群体。他们既对于商业模式有自己的研究和理解，也对中国企业的生存现状有着独到的体验和看法。这个流派显然比上述两个流派具有更高的价值。

完全热衷于研究西方商业模式的缺点，在于无法结合具体的实际情况来构建属于中国本土的商业模式流派。在这一点上，西方人比我们走得更远，他们既热衷于学习模式，更热衷于改变模式。

如法国人本杰明创办了一家 8plus 公司，其本身业务模式相当有趣，通过将某些国家的先进商业模式介绍到其他国家的同行那里，这家公司获取了战略咨询方面的利润。值得注意的是，这家公司并非总是将西方模式介绍到中国来，实际上，他们曾经将腾讯的商业模式如虚拟社区等特色，完整详尽地介绍到“脸谱 (FACEBOOK)”等西方著名企业中，也曾经将日本、韩国手机运营商的新奇增值服务模式，介绍给老牌的欧洲电信运营商。

这说明，作为当下中国的企业家和商界人士，完全没有必要对自己所创立的商业模式缺乏信心。很多商业模式的产生即使是从外界拿来的，一旦真正完成了本土化的结合、创新之后，才会变得比在原来的环境中更加成功。这种在某个国家成功，拿到其他国家则更成功的现象，本身就代表了创新意识的重要性，也否定了完全照搬的理念。

常言道，书中自有黄金屋，书中自有颜如玉。中国本土圈流派的商业模式，最多集中于本土杂志中。这是因为该流派中的代表人物，大多形成于特定的氛围中。

成熟的商业杂志会在其平台上形成固定的商业模式研究、论证、实践和推广的圈子，这其中诞生了几百个我们平时难以接触到的案例。在阅读和讨论这些商业模式案例时，我们都会有相当兴奋的感觉，这种感觉来自于这些案例中闪烁的灵感，也来自于其带给我们的深刻体会。透过书里的原型案例，我们能够获取更加新鲜的商业模式理念和知识，感受到真正来自于实践和理论相结合而诞生的商业智慧，这带给我们更多的启发和激情，让我们能从这样的圈子中发现本土化商业模式的迷人魅力。

许多商业杂志都值得所有对商业模式感兴趣的企业家、管理者和爱好者深入研究和分析。由于商业杂志中的案例大部分来源于现实，鲜活而且值得效仿，其后的点评思想和水平也相当到位深入。

当下企业的竞争，已经不再是产品或者商业模型的竞争，而是商业模式的竞争。这就决定了我们要通过多渠道（包括书籍）挖掘适合自己的商业模式。

关于商业模式的“组成要点”关键有三点：

第一个组成要点在于，谁是企业的利益相关者。无论是哪个行业在构建其商业模式时，都应该清楚，谁和企业的利益息息相关。当然，利益相关者包括客户、供应商、渠道商、广告商等。如果不考虑这些因素，商业模式的本土化就无法落实。

第二个组成要点在于，本土化的商业模式中，究竟由哪些利益价值可以具体交换。任何商业模式中都存在交换利益的过程，但由于中国社会有着独特的市场氛围和商业文化，因此，其利益价值取向的复杂性也较为突出。想要建立其本土化的商业模式，就应该分析企业运作过程中具体付出和希望获得的利益价值。

第三个组成要点在于，在本土化的商业模式中，企业将如何构建交易。商业的本质在于交易，交易必须要获得时间、空间、环境的支持，得到完整的承载平台，从而形成完整持续的交易。本土化商业模式，更需要明确对交易过程的描述和设计，从而最终形成良好的构建过程。

第四个流派：A立方商业模式流派

在传统商业模式中，研究和构建方法大多是限于从一个层面来研究现有商业情况中的具体事务和现象。如定位方法、4P方法、4C方法、4RS方法、整合营销、品牌竞争、企业竞争战略等方面。然而，商业终究不是可以通过解剖的方法将之一一切割成不同层面的无机体，它是一个内外相互联系、处于不断变化发展和运动当中的有机整体。如果只能从现有的视点来看待商业，注定无法塑造出立体的商业模式并迅速占领市场的制高点。反之，如果能够设计出立体、综合的商业模式，用发展的眼光来看待整个模式，也就意味着成功正在不断向我们走近。

A立方商业模式流派，又称A立方商业立体主义。这个流派主张在商业模式的塑造过程中，创建出不受时间和空间限制的商业企业，并进而找到商业客体中内在的、从外表并不容易发现的结果，以及其中本质的核心规律，从而将这些因素有效运用到对不同商业模式的建构和不同类型商业企业的创立和竞争中去。

A 立方商业模式流派是在 2011 年建立的。要弄明白什么是 A 立方商业模式流派，首先要从 A 立方说起。

A 立方，来自于三棱锥的概念。宇宙中无穷尽的立方体中，唯一不可缩减的立方体就是三棱锥，而 A 立方也是这样的三棱锥。

商业竞争中同样也有不可缩减的立方体，这就是 A 立方商业模式。而这样的模式，又同企业的持续暴利联系在一起。采用 A 立方商业模式，能够给企业带来其他商业模式流派目前所无法带来的效率，加上整个 A 立方商业模式研究过程中表现出的不可缩减的立体观点、一针见血的分析研究成果、无与伦比的持续暴利商业模式合计和周到细致的立体解决方案，都能够带来不同视点的观察力和不同方向的理解力。

在 A 立方商业模式的精神影响下，对商业模式的设计成为立体的模式，并表现出时间的持续性、利润的有效性和营运的可执行性，最终，A 立方商业模式将能够使企业达到持续获得暴利的境界。当然，这样的效果显然不可能依靠那些传统学术经验和单纯的感性认识，更多的应该是依靠于理性的树立、观念的形成和思维的强大，最终借助于在 A 立方商业模式思想指导下的有效工具来加以获取。

那么，A 立方商业模式流派为我们建立了怎样的一个独特三棱锥呢？

首先，是该模式流派强调的“三层服务”。在以三棱锥为具体图示的模式设计中，最底层的是一个 2×2 的客户分类情况，其中可以涵盖所有的企业类别；中间层则是 2×2 客户分类中最顶尖的部分，即所谓经典持续的暴利企业；最顶层是所谓的超级企业，这个层级的商业模式是即使在全球现有商业体系遭到毁灭以后也会首先恢复的模式。

A 立方商业模式流派，正是通过吸纳之前的商业模式流派不同的内容，为那些有志于成为持续暴利的企业客户提供应用类型的服务，并因此而获得更多的实践经验与氛围，更好地充实和提高整个流派的理论内涵价值和实际应用的辐射能力。

其次，A 立方商业模式流派，重点在于以“持续暴利”为流派的标签，这一点在下一章中还将重点提及。同时，该流派侧重于提供全面的解决方案。无论是希望了解商业模式的企业，或是通过对商业模式的学习来运用于实际经营上的企业，都可以通过“企业 + 顾问”的形式获得不同的解决方案。这意味着在 A 立方商业模式的指导下，客户和咨询者的对立立场得到了充分的软化，而 A 立方商业模式团队可以为客户做出充分的规划和设计等。

在 A 立方商业模式流派所做过的指导工作中，诞生了像红星美凯龙等一系列精彩的企业运作案例，同时，有着更多的企业正在越来越倾向于选择 A 立方商业模式流派。因此，我们必须承认，这个商业模式流派已经登上了中国商业模式研究舞台的最前端，受到了更多的重视，体现出其充分的价值和能力。

第五个流派：发现利润区流派

创办企业的核心任务是产生利润，无论在传统商业模式还是现代商业模式中，这都是亘古不变的。然而，如何让利润最大化，却是相关人员一直研究的课题，作为商业模式中的一个流派，“发现利润区”引起不少人的高度关注，而这里所说的“利润”，并不是平均利润，也不是同期变化的利润，更不是短时间内的利润，而是商家希望获得长期且保持高额的利润。企业的服务对象是客户，如果他们满意了，钱自然会流向商家，所以说，以客户为中心、为他们提供更优质的商品，成为现代商业模式中最值得关注的问题。

传统商业模式通常以“市场份额”为导向，这种导向越来越无法适应现代商业发展，不少企业家认为，“市场份额”已经过时了。事实并非如此，发现利润区流派指出，应该改变传统观念，从客户的需求出发，将单纯的“数量增长”变成“价值增长”。简单地讲，就是要通过提升商品质量，来增加品牌的力度，从而使企业保持较高的利润。

谁能够为企业带来利润？“客户”这一流派认为，只有把客户当成中心，才能设计出合理的方案。传统做法是，根据市场调研的结果，研究客户的满意度，长期依赖于这种“向后看”的调查方式，会令企业陷入被动，无法形成完善的商业模式，如果可以直接同客户接触，肯定会提高利润。

如果把更多时间用于“外部”，通过了解客户的需求，提升商品的价值，就有可能在低成本的状态下进行商业运作，举个例子：你生产的商品都是客户需要的，很少出现积压或是销路不畅的情况，这不正是为企业提高了利润吗？

那么，在发现利润区商业模式流派中，商家应当做出哪些改变，才能保持较高的利润流呢？

首先，长期、忠诚地与客户交换意见能为企业增加利润。你越了解客户，越能够为客户提供喜爱的商品和服务，可以通过客户情绪、购买准则、系统经济、功能需求、购买时机等方面，对其进行跟踪式调查，如果这个行为是持续性的，就有可能保持利润的高额增长，当然，这也是具备前瞻性的举动，防止后知后觉带来的成本升高。

定期进行市场调查不过为“事后诸葛亮”，不如直接与客户沟通来得直接，当然，在沟通前，应先对客户进行分类，对方越“重要”，你应当越“重视”。

其次，改变盈利模式能获得更多利润。首先要发现利润区，通过梳理产业链上的利润分布，找到利润较为丰厚的区域，然后进入这个区域，并且重视这个范围里的客户。这时候，你可以在这里“大做文章”，如将服务向下延伸，不仅要完善原有的服务，还得根据客户不断提出的新要求，加入新元素，让服务随着客户的需求而变化，对方就一直会选择你的品牌。

之前说到“利润丰厚的区域”，其中还能再进行细分，将其分得越细，就越能够“各个击破”，当然，还得在其中建立“重点区域”，通过扩大产品组合形成更好利润。

如果某种商品在某区域的销售业绩良好，就得考虑其衍生产品的开发，这也是被发现的某个“利润区”。一段时间后，你需要重新定位客户。面对纷繁的市场，他们的喜好和情绪在不断发生变化，及时跟进会让你掌握第一手客户资料，通过不断调整产品，从而实现利润朝自己的方向流动。

值得一提的是，区域领先会对其他区域产生重要影响，不要忽视领头作用，利润区的发现是个长期与客户沟通之后分析得出的结果，一旦在某个区域奏效了，就得及时在其他区域推广。

除了要发现利润区外，创造利润区也非常关键，当之前的商品已经无法满足客户的需求，那就应当重新设计产品或是营运架构，如果品牌能够以崭新的面貌出现在客户面前，很可能引起他们的注意，这也是取得收入的较好方式。

想要创造利润区，就得不断提升产品的技术含量，从而提升行业标准，客户总喜欢买到物美价廉的商品，最好带有创新成分，商品和服务需要满足消费者的生理和精神需求，如果这两点都达到了，客户自然会被你的产品所吸引。

在发现利润区商业模式中，最典型的是“通用电气”，它致力于为企业提供一套完整的服务方案，企业将大部分力量用于发现和创造利润区，为这些范围中的客户提供“别处享受不到的服务”，从而实现利润增加。如今，商业模式越来越受到大众关注，应选择最适合自己品牌的模式，并且恰当运用它，使之为企业赢得更多利润。

第六个流派：M 立方商业模式流派

作为商业模式中的一个流派，M 立方商业立体主义成为当下热点，它主张在商业竞争中创建一个不受时间和空间限制的活动区域，并且力求找到当中的核心规律，正因为这些规律不容易被发现，所以必须通过研究客体内在结构，推导出来。当然，这远远不够，还需要将其有机地运用到企业的创建和经营中去，帮助企业在激烈的市场竞争中找到“立足之地”。

M立方商业模式相对较窄，但是具有相当稳定的特性。我曾打过一个比方：想要塑造那种原子弹爆炸之后依然可以重新建立的企业，就必须走“M立方商业模式”。我有很充分的理由：只要人类存在，就一定需要服务供应商。如人饿了要吃东西，冷了要添衣服，病了需要治疗等。

M立方的目标是服务于超级性企业，类似于大型展会，甚至奥运会那种，既然它是“立方体”，就包含了三方面的含义：市场营销、多向聚合营销、多维度保护手段。

很多企业在第一方面做得比较成熟，甚至有独特的品牌推广方式，这里暂不多述，主要看另外两个方面的深层含义。

多向聚合营销，商家站在自己的角度看，外部的一切都是客户，如投资人是自己的客户，他们是希望通过你能够发财的客户；消费者是客户，你将商品卖给他们；对方是你的推销员，他帮你销售商品；如果有人想加盟你的品牌，他就是你的拷贝客户……正因为具备这种多向的视角，让商家不再惧怕资本，这时候你是主体，有足够的条件可以进行谈判。

多维度保护手段，是具备技术性质的，我常用简单的方式表现它：“1-1-2-4”。

第一个“1”是在创立时期进行优势资源整合，当你准备创业的时候，肯定具备某些独特的资源，如果将其运用到商业运作中，就能发挥特殊的作用，最终变成钱、能力、专利等。这种资源非常重要，并且像指纹一样不会被复制，当它加入创业领域，就有可能在未来产生效益。

第二个“1”被叫做“广义知识产权保护”，我个人觉得这应当被称为“阴性保护”。如很多人会害怕国土的永久基本农田规划，其实你完全可以将其看成对自己的反向保护，运用 M 立方商业模式，它的主体特征不再是开发商，而是多向的，这便是个机会，你就可以从中挣钱。

“2”被叫做永续保护，在这个商业模式中，必须有一种能起到“保障”作用的东西，让其他资源处于相对安全的情况下。

“4”应当被称为优势工具,在这些资源中,应当有具备相应优势的东西，来强化商业模式的稳定性，企业发展的过程中，可能会遇到重组、合并等情况，为了保证其在拆分后还能被组合起来，就需要掌握优势工具。

那么，你应当如何利用 M 立方商业模式，令企业焕发精神呢?

首先，不能放弃传统营销模式。M 立方的第一个方面，是要巩固传统营销方式，通过宣传、访问、推荐、做广告等一系列方法，将品牌推广出去，从而吸引更多消费者。即便在商业模式已经建立的今天，商家也不能放弃传统营销所能带来的益处,因为很多客户在短时间里还是愿意接受“传统营销方式”。

其次，用多样的眼光看待身边的“利益链”。在 M 立方商业模式中，你的周围会出现各种“关系”，不论是客户、供应商、销售员还是合作伙伴，你都能从中找到与企业效益有关的元素，为了创造更多利润，商家需要从这些人身上嗅出“利益”的味道，从而找到更有效的合作方式。

当然，商家对原型的洞悉和保持运营状态的稳定也非常关键。真正良好的模式，不会在短时间内“坍塌”，甚至在进行内部改革后，依然能够保持原来的状态，想要做到这一点，商家必须先建立一个“相对稳固”的模型，既要考虑全面，又要能够使用发展需要。

M立方商业模式中，一要求“稳”，二要求“发展”，这是建立该模型的初衷，也是最高境界，在市场竞争日益激烈的今天，越来越多的商家开始关注它，正是因为看中了“稳中求进”的战略规划。

M立方商道逻辑：没有问题就是最大问题

尽管M立方商业模式受到越来越多的青睐，并且在实战中获得不少“成就”，但其中仍然不乏“障碍”，在这个看似稳定的商业模式中，似乎存在很多不为人知的问题，甚至可以这样说，表面越平静，内部可能越糟糕。在M立方商业模式中，没有问题出现，才是最大的问题。

通过之前的讲解，不少人对M立方商业模式有所了解，但并没有深刻认识其中的内涵，有些人甚至认为：只要建立了该商业模式，企业就可以获得源源不断的财富，这个观点正确与否尚待观察。

可以肯定的是，M立方模式在相对狭小的空间中产生，企业可能无法获得较为系统和优质的资源，如果不主动去寻找和建立，该模式或许会成为“空壳”，看似很“稳定”，实则不会为企业带来经济效益。

企业选择M立方商业模式，多半与其稳定性有关，不过，在行业环境不断变化的当下，想要保持不变的状态，必须紧紧跟随市场环境。此外，由于M立方商业模式经常被用在特殊活动中，如何调动其中的“关系”，让周围的元素都被你使用，成为很多管理者头疼的问题。

我曾说过：“M立方模式不按常理出牌，需要管理者抓住身边的一切机会，将其变成财富。在处理这些关系的过程中，往往会遇到各种问题，这反而是好事，说明你正向结果努力。如果连问题都没有，或许是你放弃了很多机会，或许是你没有处理好其中的关系。”

如何在第一时间找到 M 立方模式中的问题，并找到解决方法呢？

首先,对“客户”没有足够的认识,导致众多机遇的流失。M 立方模式中，需要管理者主动建立“客户关系”，“客户”不仅是买卖过程中的双方，还有可能是其他身份。某位著名企业家说:“如果我们可以将供应商、消费者、职员甚至朋友都看成客户，我们就会用更加热诚的态度面对他们，会想方设法创造双赢的局面，自己也能够从中有所收获。”

可见，M 立方商业模式是期望在有限的空间里，寻找更多客户，从而为自己寻找赚钱的机会。

其次，没有为 M 立方商业模式建立较为系统的“保护方案”，可能会导致其在一段时间后“坍塌”。之前说到，该商业模式需要完整合理的“保护体系”做后盾,无论哪个环节出现问题,都可能导致整个商业链条的断裂。如企业没有先进行资源整合就盲目开工，虽然表面看上去“抢占了先机”，实际上并没有将企业带入正确的轨道。又如，企业在没有任何保护措施的情况下，依然能够“正常运转”，甚至会在短时间里产生经济效益，但并不代表企业就在相对安全的环境中运营。面对“和平状态”，需要管理者提高警惕，定期进行“预案规划”，以免在突发情况下产生慌乱。

M 立方商业模式能够为企业带来经济利益，但是也有可能出现不好的情况，为了保证模式的“稳定性”，企业应当经常检查工作进程，必要时还应进行风险评估和分析，以免“模式”出现变化，导致企业利润流失。

第二章　偶然微利与持续暴利的商业秘密

投资做生意，你最关心什么

如果你是老板，投资了一桩生意，你最关心的是什么？利润！确实，没有哪个老板不关心利润，因为这是他们从事这项工作的目的。如今，有一种现象值得关注：越来越多的老板开始关心“长远利益”，同时也关心眼前的“现金流向”，在这个过程中，需要老板掌握好“各种利益”之间的关系，以确保企业处在不断盈利过程中。

“利润”是让企业得以发展的基础，如果企业不盈利，还如何在行业中立足？对于老板来说，能够赚钱并且推动企业长期发展的商业模式便是对的，这个想法看似简单明了，却包含了众多问题：

你更看重短期利益，还是长远发展？

微利就应当被放弃吗？

暴利的背后是什么？

……

与收益相比，企业也非常重视投资风险，因为收益与风险并存！当管理者考虑到“风险”的时候，说明他具备很强的忧患意识，与之相比，懂得如何选择“利益”成为考验企业的又一难题。“偶然微利”和“持续暴利”都是企业获得财富的手段，说到此处，有人不禁要问：到底什么是“偶然微利”和“持续暴利”呢？企业该如何掌握其中的规律，令企业不断产生财富呢？

首先，什么是“偶然微利”，它将为企业带来什么？通常认为，企业毛利低于同行业平均水平的，被称为“微利产品”或是“微利服务”，这种状态长期下去，就会令企业逐渐失去竞争力，这种企业被称为“微利企业”。

微利企业不是管理者理想中的状况，不可能依靠微薄的利益获得成功，而是需要建立起合适的商业模式，从而推动企业的发展。

“微利”的背后是“抗风险能力减弱”，企业不具备相应优势，无法同其他企业竞争，不仅会在市场中苦苦挣扎，同时会错失很多良机。面对这种随时可能倒闭的企业，应当从调整运营理念开始，让管理者认识到“建立商业模式”的重要性，当企业能够维持持续经营的时候，投资者才能看到最关心的“利润”。

其次，看看“持续暴利”状态下，企业会发生哪些变化？投资人能够从中获得多少利益？在很多人心中，“暴利”似乎并不中听，尤其对于消费者来说，可是从投资人的角度看，他们却是异常喜欢“暴利”的，投资做生意，股东们最关心什么？很显然，他们希望看到企业一直在赚钱。

判断一家企业是否赚钱有很多方式，并且可以通过各种办法诠释，如计算净利润或是投资回报率等，与之相比，越来越多的人更加关注“本企业毛利与同行业平均毛利”的对比，并将其看成“分水岭”，由此建立更加完善的商业模式。

如果企业毛利高于同行业平均毛利两倍以上，我们就将其称为“持续暴利”企业，与此同时，还可以判断该商家是否具备市场竞争力，这也是维持企业有高额现金流的保证。

在“持续暴利”的状态下，投资者的收入保持着高速增长，这非常符合他们的心理愿景，正因为在该商业模式下，企业抗风险能力不断增加，所以这个“模式”就相对稳定，从而保持了良性循环的状态。

作为投资人，最关心的是投入公司的钱能否产生更多经济效益，这个过程需要优秀的商业模式做支撑。

近在眼前的持续暴利商业模式

“持续暴利”一词吸引了很多人的目光，尤其是作为投资人，正因为永远不满足于已经获得的利润，所以他们需要通过建立更加完善的商业模式，来获取更丰厚的利润。

实现“持续暴利”的前提，是企业已经形成了一套完善的商业模式，并且趋于稳定，如何保持它的稳定性？在外界环境不断发展的今天，管理者还需要通过哪些行为，调整眼前的商业模式，从而令“持续暴利”的状态保持不变？

首先，应当判断企业是否处于盈利状态，这种盈利是否具备“持续”和“暴利”两种特性，然后对其进行分析。可能很多人会觉得：“持续暴利”的商业模式离自己很远，其实不然，想要让企业产生源源不断的财富，管理者必须建立起合理有效的商业模式，这一点至关重要。

中国企业，从2009年全球金融危机开始，便处于“夹缝中生存”的状态，2010年又出现用工荒，而后，多种不利因素的叠加，造成了广大企业在近几年中都处于“疲惫”状态，经历了痛苦、复杂且纠结的 2009 — 2012 年，面对原材料价格上涨、劳动力成本上升等问题，使得不少企业更加举步维艰，这时候，企业内部各种问题逐渐凸显：管理模式老套、产业结构不合理、融资困难等，这些都令广大企业承受了巨大压力，不少企业家痛苦地提出：竞争力越来越弱，持续暴利的时光已经渐行渐远了。

“持续暴利”对企业家有极大的诱惑力，既然投资做生意，心里当然时时刻刻想着赚钱，这就牵涉到“盈利点”问题，当盈利点越来越少，交易环节却越来越多的时候，企业利润就会减少；当原先的产品已经无法满足大众需求的时候，通过研发相关产品或是衍生产品，成为不少企业的第一选择，因为这并不需要改变原来的商业模式，只要稍微做出调整，或是做一点延伸就可以了。

有人纳闷：为什么企业的竞争力逐渐下降呢？只有一个合理的解释：你的对手已经在尝试改变游戏规则，在用原来的业务稳住老用户的同时，不断发展新用户。

企业到底要怎么做，才能维持“持续暴利”的发展状态呢？盈利点在其中起到什么作用呢？

首先主营业务是用来吸引客户的，而衍生产品则可能创造巨额财富。当你打开“百度”，进行搜索时，很难想象其中蕴藏的商机，搜索功能不要钱，百度用免费搜索锁定了用户，广告商看到这么多人使用该品牌，马上在其中投放广告，百度的钱就是这么赚来的。

再看新浪微博，用户正是看中它免费才注册使用的，随着时间的推移，新浪平台逐渐变大，用户也越来越多，便出现了新的盈利模式。可见，企业只要锁定了客户，就不用担心没有财富流入，盈利模式通常是间接的，只要企业把握好核心要素，就能帮助其成为“持续暴利”企业。

其次，把握好“入场费”、“停车费”和“过路费”。锁定客户是保持暴利的重要前提，也是在创造盈利点，在这个过程中，有三大亮点值得企业注意：

第一，只有先付钱，才能使用产品或享受服务；第二，想要延续资格，还得缴费；第三，当需要增值服务的时候，也得缴费。纵观整个过程，只要有用户经过的地方，企业都收钱了，收费的环节越密集，企业越可以赚更多的钱，这是维持“暴利”的有效手段。如何让用户心甘情愿缴费，成为很多管理者头疼的问题。

小肥羊是当下比较流行的餐饮品牌，它的盈利模式，便是收取了这三项费用，要加盟小肥羊，必须先缴费，加盟费是取得资格的前提，这时才能挂上牌子；店铺经营的过程中，小肥羊还要收取管理费，这便是“停车费”；当然还有“过路费”，加盟店得从小肥羊那里购入羊肉、作料、配菜等，这当然会产生中间利润，这就叫做增值服务。

可见，“持续暴利”并不是遥不可及的东西，重要的是能够找到盈利点。商业模式中，良好的盈利点会令企业产生源源不断的财富，久而久之，便形成了习惯，这就是企业能够维持“暴利”的秘密所在。

持续暴利的典型企业：周庄古镇 vs 五粮液

当了解了“持续暴利”的深层含义，不少企业开始琢磨改变企业经营战略，把更多目光集中在提升企业核心竞争力上，这是个很好的开端。酒香不怕巷子深，如果你把大量精力花在如何让“酒更香”上，还怕顾客不来找你吗？想要建立优秀的商业模式，这是必经之路。

如今，很多人开始拥有品牌意识，尤其那些经久不衰的品牌，更是在大众心理产生较为深刻的影响，品牌越响亮，人们越容易联想到其背后蕴藏的经济利益。比如，一想到沃尔玛，会认为这个零售业巨头可以不断创造财富，在大众根深蒂固的思维中，这种认为已经形成了习惯。

现实的确如此，当消费者需要购买彩电的时候，就会想到海信；当想要购买空调时，就会走进格力专卖店……这些品牌就像有着无穷魅力，能够吸引客户驻足。我们通过几个典型案例，深度剖析那些“持续暴利”企业都是如何运营的。

周庄古镇模式：当游客想浏览江南风景的时候，会想到周庄古镇，这已经成为一种习惯。其实，早在古镇开发之初，就已经成立了“古镇开发管理公司”，还确立了经营方向和目标，随之古镇开发权、管理权和品牌所有权被纳入企业，一个新颖的旅游景点呈现在游客面前。正因为周庄古镇率先提出了“中国第一水乡”的口号，才引起了不少人的关注，并成功打造出古镇旅游品牌——周庄、旅游纪念品品牌——万三蹄、旅游文化品牌——《四季周庄》，让小镇在十年中，游客数量翻了 100 多倍，截至 2012 年 1 月，周庄文化销售额达到 16 亿元，远超同行业其他景点。

“五粮液”模式：中国人有喝酒的习惯，特别是在聚餐、宴请时，酒更是不可或缺的。要说中国白酒第一品牌，首推“五粮液”，而排在其后的第二名，年销售量不足它的 1/6。五粮液一年能卖掉 48 万吨，而之前最有名的茅台酒，也不过区区 6 000 吨。五粮液怎么会有这么高的销售量呢？

五粮液集团有两个比较著名的自有品牌，高端的叫做“五粮液”，低端的叫“尖庄”，这些并不能为企业带来巨额财富，后来，集团致力于吸收别人的品牌，如湖南酒业公司的“浏阳河”、北京酒业公司的“京酒”，还有五粮醇、金六福等，这些品牌虽不是五粮液集团注册的，但都为其加盟商，此时，我们不得不将目光放在“加盟”上。

首先，这些品牌得通过加盟方式，成为五粮液的分品牌；其次，这个牌子的广告是由注册商做的；最后，谁出资做广告，谁就是总经销。

那么，五粮液做什么呢？它给这些品牌灌酒，不论对方什么品牌，只要加盟了它，就可以给其灌酒，这种做法能起到两个作用：第一，消费者都知道酒是五粮液灌的，质量肯定有保障，所以很畅销；第二,五粮液的效益从何而来？过去，它会将酒分成上中下三等，当上等酒全部卖掉了，剩下两个等级的酒还挤压在仓库中，所以企业效益就差。如今，每个档次的酒都有自己的品牌，就是每个档次的酒质量都产生相应效益，反正广告是加盟商做的,五粮液并没有风险,总经销也是别人做,它不存在销售问题，反而是在其他品牌做广告的时候，都会提到“五粮液”，让大众更加熟悉这个牌子。

这些企业都非常重视核心力量的建立和保护，并且在创立初期，就设立了经营方针和目标。值得一提的是，“周庄古镇”和“五粮液”都把风险降到最低，这也是保证企业长期获得巨额利润的重要前提。

什么是核心力量？对于周庄古镇来说，江南水乡的风景本就对游客有很大吸引力；从五粮液的角度看，酒的质量是第一位的。有了过硬的核心力量，企业还得运用一定策略，来维持商业模式的稳定。

周庄古镇先是成立了公司，将景点及其附属商品归纳到一起进行管理，随后又开发了很多衍生服务和产品，当游客陶醉于美丽的江南风景时，会产生些许遗憾：这里的景色和文化都无法带走。而相关产品的开发，正好满足了游客的需求，当大家争相购买衍生品的时候，便产生了经济效益。

五粮液呢？经过之前的失败教训，它想到必须寻找适合每一种档次酒的效益，并且要降低企业的经营风险，所以采用这种加盟的方式，一方面销售了本企业的商品，另一方面扩大了品牌影响力。

想要让企业处于“持续暴利”的情形，就得让其存在独特的优势，当客户在你这里获得从未有过的体验，并且感觉良好时，你的品牌就成功了。

如“19 楼空间”是一个提供各类信息的平台，范围是杭州本地，内容涵盖了美食、租房、旅游、拉风、求知、交友、二手市场等，只要用户登录，就可以找到自己想要的信息，经过多年发展，“19 楼空间”已经成长为“中国最具有影响力的社会化网络媒体之一”。

其实，让企业获得“持续暴利”并不困难，关键在于找到适合本企业的经营方针和发展方式，从而建立起商业模式，模式一旦被定下来，企业的发展就会有条不紊地进行。

持续微利的典型企业：北京小毛驴市民农园

有些企业总是得不到发展，是因为它一直处于微利状态，挣的钱只够温饱，还如何推动企业不断发展呢？从另一个角度说：这类企业具有相对稳定性，说到“微利”，很多人会不屑，其实，这类企业也具备核心竞争力，只是没有形成自己的商业模式。如技术、成本较低、畅通的销售渠道、便利性等，使其他企业很难复制。这类企业虽然可以能够一直赚钱，但是很难在行业中有所发展，甚至有一种“摇摇欲坠”的感觉。

虽然一直处于盈利状态，企业还是嗅出了危险的气息，面对竞争日益激烈的行业环境，有些老板不免会担心：我的企业会不会被吞并？可见，光有“优势”是不够的，还得将“优势”转化成生产力，并且形成稳定的商业模式，以增强企业的生存韧性和盈利能力。想要生存下去，就必须有抗风险的能力，因为企业优势可能会因为新技术的产生而消失，就可能出现企业倒闭的风险。

我的一个朋友，掌握着祖传的大肉面配料，并且凭借这个优势，在市中心开了十多年的面馆，几乎每天门庭若市的生意场面，令他感到欣慰，在顾客赞不绝口的评价中，他一直保持良好心态。

被问及今后的打算，朋友认为：在今后的十多年内，他的秘方还不会有人超越，所以他就会继续开店。说到这里，有人纳闷了：既然生意这么好，他为什么不开分店呢？为什么没有成为全国连锁的著名品牌？

原因很简单，他只拥有优势，却没能够将其建立成商业模式，通过“啃老本”，他可以在很长一段时间内获得微薄收益，却无法把店铺变成企业，他是煮面人，却不是管理者，所以导致店铺不能形成“暴利”。

很多店铺、小型企业的存在，是因为他们具备存在的优势，通俗地说，在某一范围内，没有人在做和他相同的事情，这就是他们得以生存下去的原因。同时，他们无法扩张，没有能力发展，是因为“优势”的主人，根本不知道要与经营管理联系起来。

看这个案例，你或许从中得到启发：

“北京小毛驴市民农园”是“国仁城乡（北京）科技发展中心”的前身，是 21 世纪第一所开在普通农村的培训学校，免费向农民传授农业知识。经过 4 年的发展，学校初具规模，在合作经济、生态农业、生态建筑、乡村文艺、实习生培养等方面做出了一定贡献，还获得了相关部门的表扬。

2009 年，该学校借鉴国际 CSA 经验，介入北京海淀区政府和中国人民大学产学研基地建设，将一个名为“北京小毛驴市民农园”的项目投入运营，吸引了大量媒体和消费者的关注，这个举动不但让更多人参与到环保和公益事业中，还彰显了该学校的行业公信力，获得了社会普遍关注。

这个看似非常棒的组织和项目，并不是优秀的商业模式，虽然动用了比较多的社会关系，也创造了一定社会影响，但是该组织仅通过各个季节配送份额，很难获得较多的经济效益，作为商业模式中的盈利部分，营业额和毛利都非常有限，还浪费了大量有效资源，所以并不能受到更广泛的推广。

企业想得到发展，必须要取得高额利润，以上企业，虽然都能维持目前的营运情况，但是无法扩展和产生更多效益，根本原因就在于其没有建立良好的商业模式。如果管理者只满足于现状，没有把更多精力放在管理上，企业是不可能有大发展的，虽然目前你的优势没有被复制，但并不代表将来也是这样的情形。所以说，优秀的商业模式，配上良好的运营方法，是企业获得成功的关键。

你的产品和服务，必须让消费者喜欢，不然就无法得到推广，纵使你具备优厚的先决条件也不行，不论你从事哪一行，不管企业行为带来多少社会效益，股东们最终都会将目光放在经济效益上，可见，不能源源不断地产生巨大现金流量的“持续微利”，企业随时存在着被淘汰的风险。

偶然暴利的典型企业：三株实业有限公司

有一类企业，我们将其称为“偶然暴利”企业。它们虽然创造过“毛利在同行业平均水平两倍以上”的优良业绩，但是这种情况如同昙花一现，企业并不具备独特竞争力，从而失去了“持续暴利”的可能。实际上，它们并没有形成商业模式，只是幸运地在某个时间段里，抓住了比较好的机会，一旦运气不再，企业将会面临重大灾难，甚至倒闭关门。

偶然暴利企业多半不会长期生存下去，因为他们既没有独特的优势项目，也没有形成商业模式，短暂的运气能够支撑多久？简单地说：今天赚了 50 万元，可能很长一段时间内都接不到订单，长久亏损下去，早晚会啃完之前的老本。

是什么让这类企业很幸运？突破性技术、国家近期出台的相关政策、行业资源急剧增加、超低成本等，这些都是由于复杂情况下产生的“特殊因素”，被某些企业抓住了。但是，这些因素会转瞬即逝，届时企业会因缺乏抗风险能力而停业。

举个例子，当 B 市还鲜有汽车销售企业的时候，A 就已经成为其中一员，起初，每个月的收入颇丰，后来，他还成立了一家 4S 店，在选择地址的时候，成功获得了本市一块利润比较高的土地，这又让他得到了相当丰厚的回报。由于企业没有形成商业模式，同时日常管理也相对疏忽，后来再没有出现之前的情况，暴利成为“昙花一现”，如今，公司业绩平平，由于市场竞争日益激烈，盈利情况很不乐观。

另一实例，某公司原为一家大型国有企业的基建处，在改制的过程中，由于抓住机会，利用借来的500万元成功开发了一个楼盘，那时候中国的房地产业刚刚起步，该企业获得了比较丰厚的利润，但是并没有“乘胜追击”，几年后，只得退出房地产市场，继续做集团发展的配套开发商。

可见，偶然暴利只能满足一时需求，并不能推动企业的发展，就像买彩票，中了20万元大奖，足够用一段时间，却不是一辈子，等把钱花完了，还得恢复原来的生活，如果用这笔钱作为投资，可能会有意想不到的收获。

通过分析下面的典型案例，看看偶然暴利企业的生存情况：

1994年，吴炳新连同儿子成立了“三株实业有限公司”，并且推出主打产品三株口服液。第一年便拥有了1.25亿元的销售收入，第二年，他又以自己创造的四级体系打入农村市场，也获得了巨大成功，并且实现销售额80多亿元的巨大成就。鼎盛时期，全国各地都有三株实业的分公司，多达600多个，光是销售人员就有15万人次。面对这么火爆的场面，吴炳新开始向医疗、精细华工、生物工程、材料工程等方面进发，一下子兼并了20多家厂商。

然而，1998年3月三株实业遭遇了“灭顶之灾”。湖南常德一位老汉因服用三株口服液死亡，该企业惹上了官司，与此同时，全国媒体对此进行了密集报道，至此三株企业的问题继而全面爆发：销售额急剧下滑，企业账目出现亏损，工厂面临停产，社会上出现了各种传言，甚至有消息称，该企业已经向有关方面申请破产。到了1999年，三株企业虽然打赢了官司，却输掉了市场，不到一年的时间里，全国大小办事处和工作站全面停业，跨入新世纪后，“三株”这个品牌逐渐在市场上消失了。

很多企业在创立初期，曾遇上过一两次令企业“发大财”的机会，但这种机会必定是可遇而不可求的。管理者必须从偶然的成功中提炼出经验，找到适合企业发展的道路，让企业拥有独特优势，才有可能长久的立于不败之地。在这个过程中，建立起有效的商业模式非常重要，需要考虑以下几个问题：

企业的发展目标是什么？

企业的经营理念是什么？

企业存在哪些优势？

企业未来会走什么样的道路？

……

在建立商业模式的时候，这些要素都得考虑进去，才能保持发展的稳定性，模式一旦建立，就不能随意变更。

偶然微利的典型企业：房产公司 vs DM 杂志

“偶然微利”企业存在相当大的风险，它的结构甚至“薄如蝉翼”，轻轻一点就会破裂。现实中，“偶然微利”企业大量存在，同时“更新换代”特别快，甚至开业不到半年就关门。通过分析这类企业的生存状况，找到改变现状的重要方法，这才是企业需要学习和借鉴的。

同其他类型企业相比，“偶然微利”企业不仅没有形成自己的商业模式，也没有在经营过程中抓住机遇，同时自己也缺乏优势，面对日新月异的市场环境，只能在“夹缝中”苦苦挣扎，并且它们的盈利能力很不稳定，也不具备抗风险的能力，所以随时可能面临倒闭。

曾经看到过一个报道：2003 年，B 公司成立，那时候正值成都房地产最火爆的时候，不到半年的时间里，就获得了好几个楼盘的代理权，很快赚得第一桶金。第二年年初，B 公司又获得了三个楼盘的代理权，似乎前景一片光明。

但是没有想到的是，这三个楼盘的代理权中，一个由于开发商将土地转让，B 公司失去了代理权；另一个由于开发商的原因，将代理权转给了其他公司；最后一个则因为开发商过度追求利润而让项目推迟进行。这导致了企业三年多无任何收入，还差点关门。

这就是偶然微利企业的生存情况，如果运气好，能够有点收入，多半情况下是处于“停业状态”,有时候,即使有了业务,也有可能出现特殊情况，通常这类企业都无法招架得住。

再看看《高尚生活》DM 杂志的生存状况：

该杂志是成都早期 DM 杂志的领军者，起源是由于模仿当时北京的 DM 杂志——《生活速递》，想在成都做出一个山寨的版本。一段时间后，负责人发现成都根本没有足够的高端发行渠道消化这每期 5 000 份的杂志，由于对广告商超负荷的承诺无法兑现，所以只收得一部分广告商的费用，时间久了，杂志社也只好关门歇业。

从现实的角度看，“偶然微利”企业是无法在市场上立足的，甚至会在短时间内倒闭，原因很简单，他们连最基本的优势都没有，更不要说商业模式了。分析这类企业，不仅要对此有了解，还得掌握“破解”方法，如果你的企业属于“偶然微利”型，你该如何做，才能让企业焕发活力呢？

首先，从仅有的业务中提炼经验，找到适合自己的发展之路。尽管这类企业接触实战的机会并不多，但还是可以从已经完成的项目中提炼出经验和教训，如果将其全部记录下来，就能成为日后处理工作的依据。这类企业在成立初期可能并没有非常优厚的条件，但是可以将之前的工作看成学习的过程，企业学到的东西越多，对今后的发展越有好处。

积累经验只是手段，目的在于企业可以因此找到适合自己的发展道路，并且制定好目标和计划，这些是建立商业模式的重要前提。在积累经验的过程中，企业会慢慢了解自身优势，这是个良好的开端，在优势领域寻找盈利点，也会变得更加容易。

其次，逐步建立起商业模式，让企业在相对稳定的情况下得到发展。积累经验和扩展业务可以同时进行，两者相辅相成、互相促进。在这个过程中，企业会发现自身优势，几乎一切都按照既定的方向前进，在某个成熟的节点，可以尝试建立起商业模式。之前的所有努力都是为了现在将企业推向一个稳定的状态里，一旦模式建立，是不会被随意变更的，企业就可以在“稳定的环境”中继续积累经验，进而创造财富。

当然，将企业从“偶然微利”变成“持续暴利”需要经过漫长的过程，但是管理者不能放弃任何一个让企业进步的机会，再小的业务，都能从中学到很多经验。想要增加企业抗风险能力，就得不断进行锻炼，在任何业务中，企业考虑得越周全，越能够保证其盈利。

M立方商道逻辑：企业需要提高盈利能力和持久性

M 立方商业模式具有持续为企业带来经济效益的特性，这是因为该模式把身边的所有关系都看成“客户”，所以才会源源不断产生利润。通过几种类型企业的对比，几乎所有人都会将目光放在“持续暴利”企业上，而寻找 M 立方商业模式和“持续暴利”企业的关联，成为人们关注的焦点。

通过研究“持续暴利”的商业模式，很多人看到“每一个企业都有可能维持暴利”。在了解了详细情况后，人们发现事实并不那么“恐怖”，它一直分散在各企业基于不同形态的经营成果里，需要管理者从之前的业务中获得经验。当企业吸收了各项经营成果中的价值核心，并予以补充和创新后，就很容易形成科学的商业模式。

“持续暴利”的商业模式，是按照吸收、继承的方式设计的，模式建立的过程，是总结和丰富经验的过程，这个过程不仅充满乐趣，还使企业的行为变得有意义。

M 立方商业模式，是为了让企业维持盈利状态，稳定之前的经营状况，同时创造出新的盈利点，并保护好盈利点。如不少企业开启了免费模式：消费者可以免费使用 KTV 包厢，当他们在娱乐的时候，肯定要花钱买吃的、喝的，钱就赚回来了；消费者可以免费使用 QQ 聊天软件，但是不少人喜欢通过购买黄钻、红钻、粉钻等，装扮 QQ 空间或是养宠物……这个过程是充满乐趣的。

虽说让企业保持“持续盈利”并不困难，但其中的很多细节需要管理者好好把握，下面进行深入剖析，深刻解读 M 立方商业模式最核心的价值。

首先，提高企业的盈利能力，就是要在稳定之前盈利点的同时，开发新的盈利项目。在此之前，企业可能是“偶然微利”型，缺乏核心价值体系，甚至没有优势，但是它也曾完成过项目，从已经完成的业务中，可以看出企业的长处，并且发现不足，渐渐地，目标就产生了，这时候，给企业一个准确的定位非常重要，企业属于什么性质？行业一般规律有哪些？有什么特殊性？……只有企业能够准确定位，才能建立起完善的业务系统。有些刚成立的企业，因为公司不够完善而处于劣势，这并不需要担心，因为每个企业都有其成长历程，如果一味复制别的企业的模式，反而让自己陷入被动，不利于企业形成独特优势。

想要盈利，就得抓住客户的“口味”，将他们喜爱的商品呈现出来，才能引起客户的购买欲。在建立 M 立方商业模式的时候，要保证其内容的丰富性，同时考虑企业下一步计划，商品本身永远是激发用户兴趣的最大亮点。

其次，M 立方商业模式同样关注企业能否持久盈利。为什么要建立模式？就是为了让企业在很长一段时间内保持稳定状态，这里所说的稳定，是指“不断赚钱”。具体来说，商业模式的建立，更像在为企业制定相关制度，把目标、方向、航线都规定好了，企业的发展就不会偏离轨道。就像搭乘飞机，航线都是既定的，按照指示前进，就不会到达一个错误的城市。

一成不变的经营方式早就过时了，市场环境、行业情况在不断变化，如果你继续当个“老古董”，肯定会被淘汰。不断发展衍生产品和服务，是让企业保持良好状态的最佳办法。

举个例子，艾达开设了一家美容美发店，2011 年，只有三家小小的店面,2013 年的上半年,她已经在全国拥有 580 家店了。她是怎么做到的呢?

原来，艾达看准了该行业中的培训工作，因为很多理发师和美容师都需要经过专业培训，如果参加相关学校开设的培训班，又太贵了，可是不培训又没办法独立为客户服务。针对这一情况，艾达想出了办法：我为你做培训，如果对方没有能力支付培训费，就可以用“置换入股”的方法，抵消相关费用。

目前，永琪美发店是上海美发行业中的佼佼者，在全国开设了 800 多家分店，也采用了类似模式。消费者理发，并不需要花很多钱，甚至可以在团购网站上购买优惠券，某段时间，还出现过“一元秒杀”的活动，很多人在体验了该店的优质服务后，选择买充值卡成为会员，卡里的资金用完了还可以再续，这就是永琪美发店持续盈利的秘诀。

在 M 立方商业模式中，企业需要先锁定客户，再进行盈利点的挖掘，当时间还停留在前者，不妨制定一些免费项目，目的是为了吸引用户的眼球和兴趣，随着时间的推移，对方会熟悉你的产品和服务，再进行营销，往往能收到很好的效果。

第三章　未来的竞争是商业模式的竞争

企业为何越发展越“穷”

“要发展”，几乎成为企业管理者最头疼，并且每天挂在嘴边的事情，有订单和业务是企业得以生存的前提，但是越来越多的企业发现自己在“穷忙”，表面看似一片繁荣，真实情况却不容乐观。导致人们出现了疑问：为什么越发展，企业越“穷”？

企业从进出商品两项业务中获得一定差额，再减去相关支出，便是利润，从财务的角度看，盈利只和这三项有关，这就为企业管理提供了依据：增加销售量、减少成本和支出，企业就会“富裕”起来。

企业能够生存下去，必定不断有资金流入企业，你把这些资金花在什么地方？是否再次投入公司运作中？投资前，有没有想到资金回报率？

赚了钱，是马上花掉，还是将其投入到营运中，要根据时间、情况而定。Ben是某公司的老板，在行业整体面临严冬的2009年，凭借全体员工的努力，企业还是获得较好收益，如何分配劳动成果呢？Ben认为现在不是投资的最佳时机，不如拿出一部分钱，奖励为企业发展做出贡献的员工。当年，很多同行面临减薪、失业等不幸，只有Ben的企业，给员工加了薪，尤其是那些披星戴月的工程师们，拿到了比较丰厚的奖励。在这之后的几年中，公司不但没有一个人辞职，而且都拿出十二分力气干活，在行业大环境依然不理想的情况下，Ben 的企业却一年比一年好。

不要认为人力资源投资不划算，它能够在非常时期创造意想不到的财富,企业创立初期,常常“一分钱掰成两半用”,这种优良传统应当延续下去，把资金投在需要的地方，正所谓“钱应该用在刀刃上”。

面对企业越发展越“穷”的情况，你需要从哪些方面努力，找到“破译密码”呢？

首先，商业模式应当有所延伸，所谓“开源”就是要拓展业务渠道。想要赚更多钱，最直接的方法，就是把产品卖出去，原先的商业模式可能需要延伸，开发衍生商品，或是加强服务内容等。

如 A 企业是一家为消费者提供法律咨询服务的机构，随着业务量的增加，它将服务对象分为普通用户和 VIP 用户，这就是业务的延伸。

根据商业模式与企业发展的联系，为什么不建立一个具有弹性的“模式”呢？如果该模式能够适应不同环境下的行业情形，则有可能让企业处于“持续暴利”的状态。

回顾一下什么是 M 立方商业模式：市场营销、多项聚合营销、多维度保护手段。企业可以在后面两项中做文章，因为第一项已经形成根深蒂固的方法，当你越愿意主动发现客户群，你就能销售掉更多商品。第三项可以保护前两项业务的顺利进行，并且保护的力度还很大。

苹果手机有几十万个软件，刚开始下载的时候，无需花一分钱，因为它赚的是软件更新的钱，从开发到更新，苹果需要好几个合作伙伴，如果将其都视为客户，就能在利益合理分配的情况下，获得较高的利润，为什么这么说呢？原因就在于这个软件不是苹果做的，完全是零成本。而提供软件的人，不需要促销成本，这样便实现了财富分享。

其次，优秀的商业模式，应当体现出“节流”特性。在企业增加收入的同时，减少开支也非常重要，所有老板都希望企业在低成本、零成本情况下运营，找到与自己分担风险的企业是必经之路。

M立方商业模式中，要求企业尽可能寻找更多与企业有关的“客户”，来共同维持某项业务的运行。如之前的香港机场在16号登机门旁边开设了一家美容沙龙，里面所有东西都是免费的，这降低了很多成本。为什么不要钱呢？原因在于，这些美发用品是由第三方合作伙伴免费提供的，并且承诺该店可以无限制使用，前提是在里面放它的广告牌。机场每天的客流量很大，该店的成本就是租金、人员和设备，而耗材由第三方支付。当然，客户进去美发是要付钱的，就这样，商店和第三方同时获得了利润，而成本与风险，则多了一个人替你分担。

可见，要想让企业富起来，必须先建立起良好的商业模式，“M立方”便是很好的选择，因为它既扩大了销售渠道，又找来同自己分担的第N方，在“开源”与“节流”的推动下，企业得以长久发展。

中国企业的困境与出路

进入21世纪，全球都将目光投向中国，经过改革开放和加入世贸组织，中国企业以全新的姿态屹立于世界舞台。总体来说，中国正处于高速发展的时期，同时出现了不少企业大户，它们在国际上有非常大的影响力。虽然如此，中国企业仍然面临困境，尤其是中小企业，它们出现的速度快，消亡的速度也快，即使勉强生存下来，也很难得到发展。人们不由得问道：

中国企业如何摆脱困境？出路在哪里？

看看制造业发展情况：经历了改革开放，中国已经把越来越多的产品运向国外，逐步成为全球最大的“工厂”，处处贴上“中国制造”的标签。虽然解决了不少人的就业问题，但始终无法从“中国制造”变成“中国创造”。企业缺乏创造力，也没有核心技术和优势，只能成为大企业的“附属品”，一旦情况生变，这些小企业很难从中获得生存机会。

从全球企业的角度看，中国大多数企业并不占优势，特别是制造业等核心产业，一直都靠着廉价劳动力维持，技术落后或是没有技术已经成为制约企业发展的最大原因。从管理的角度看，中国大部分企业没有形成商业模式，凭借陈旧的经验在市场中闯荡，很难获得持续暴利。

如今，越来越多的消费者开始关注品牌。如有一定经济条件的人，肯定会去买外国品牌的产品，这并不完全是“崇洋媚外”，因为国外更注重品牌效应。当说到“海底捞”，所有人的脑子里都会蹦出这样几个词：美味、服务优良、态度认真、实惠、良好的美食体验……这就是品牌的力量。

然而，中国鲜有响亮且质量过硬的品牌，这就成为制约企业发展的因素，从消费者的角度出发，他们希望买到质优价廉的商品，或是可以享受相关服务。因此，打造具有影响力的品牌成为企业发展的另一条出路。

在发达国家，高级技工的比例远远大于中国，在某些地区，技术骨干型员工少之又少，只有技术创新和设计出迎合大众品味的商品，才能吸引用户。所以说，在建立商业模式的同时，不要忘记人才的培养。

中国企业缺乏优秀的商业模式。管理者也希望培养优秀人才、建立完善的制度、创造响亮的品牌，但是无法将这些联系在一起，从而形成一体化的管理模式。想要寻找出路，必须从积累经验、定“模式”开始。

要想从“中国制造”变成“中国创造”，没有创新意识不行，这些创意从何而来？必须引进优秀人才。很多老板不愿意做人才投资，殊不知这正是稳定商业模式的重要手段，让企业拥有核心技术，市场竞争力就会上升，抗风险能力也就会增加。

回顾“持续暴利”的特征：有独特优势、抗风险能力强、具备核心价值等，在建立商业模式的时候，必须要将这些考虑进去。就像盖一栋房子，主人把要求都说全了，将来才能住得舒服，企业想要持续发展，就得有一套适宜发展的方法，能够应对多种需求。

简单地说，商业模式就是企业赚钱的方式，它是个系统，包括了战略层面、营运层面和经济层面。如今，摆在中国企业面前的问题是：如何赚钱，如何创造品牌？

对于商业模式的把握，通常需要六个问题：

- 如何创造价值？
- 为谁创造价值？
- 企业核心竞争力和独特优势是什么？
- 与对手相比，你更加高明吗？
- 如何赚钱？
- 如何扩大企业范围？

考虑了这些问题，就要为企业寻找出路，在建立商业模式前，给企业正确的定位非常关键，即我能做什么？我该做什么？

“定位”决定了企业应当提供什么样的产品和服务，从而加强与客户的联系，是整个商业模式的起点。雀巢“奈斯布莱索”项目前期，提供了全套关于蒸馏咖啡的解决方案，目标客户为办公室白领，而后期则改成了家庭用户，改变之后，蒸馏咖啡胶囊的销量上升了很多。

同时，企业的关键资源也占有比较重要的地位。在开展活动前，企业应当审视自己的能力，包括无形资产、技术等。在建立商业模式的时候，不能忽视已经形成的关键资源，这要在不断发展中进行摸索，通过积累经验和总结教训，最终找到适合本企业发展的道路。

企业能够找到持续暴利的经营方式，还要使用多种收益和成本分配机制，如同样作为新闻媒体，电视台与报纸就有着完全不同的收费方式，前者主要依靠广告费和赞助费，后者是依靠向购买报纸的读者收取费用。在传统盈利方式中，你向对方销售了什么产品，就能获得相应利益，而现代盈利模式则偏向多元化，你的直接用户可能长期免费，而其他关联方则需要向你交钱。成本结构也和之前不一样。过去是谁做生意谁承担全部责任，如今，可以通过联合经营的方式，降低自己的风险。在 M 立方商业模式中，供应商和合作伙伴都有可能成为你的客户，如果能够抓住他们，就有机会实现双赢。

纵观中国企业的现状，是为了更清楚地认识自己的位置和企业存在的问题，从而建立起科学的商业模式，让企业的发展进入良性轨道。

有市场有钱赚就有商业模式

纵观商业模式的产生和发展历程，你会发现一个共性的问题：商业模式只会生存在有钱、有市场的地方，同时也能带来更多的财富。有人曾说："商业模式本质就是利益相关者的交易结构。"这里所说的利益相关者，包含了企业内外部所有人。从这个角度看，商业模式更像一座桥梁，连通了各方利益者。不得不承认，一个好的商业模式，会令自己在风险极低的情况下，不断创造财富，最终让所有相关者获益。

当你以投资者的身份出现，心里想着最多的，便是如何赚更多的钱，当企业开始运作，也是为了赚钱，如何赚钱呢？必须将企业推向市场，在市场中，你能够得到很多有用的信息，也可以展开业务。然而，市场是残酷的，优质企业可以获得更多份额，它们更容易形成“持续暴利”，落后企业则可能在变化多端的行业环境中被淘汰，为了防止这类事情的发生，应尽快建立起商业模式。

既然已经创立了公司，也就说明你打造了一个平台，这是你制定游戏规则的根本。一旦游戏规则制定了，别人就必须按照你的规则进行参与。如你开了一家商场，进场的规则是由你制定的，即使某个商户是大品牌，也需要先接受你制定的规则。

让自己成为制定游戏规则的人，才能赚钱。当然，为了让企业处于不断发展中，建立起优秀的商业模式也非常关键。

“星巴克”是全球最著名的咖啡连锁店，已经在全球开设了一万多家分店。之后崛起的“85 度 C”却有着更加惊人的势头，仅用了三年时间，就在台湾地区开了 370 家店铺。在进入上海的第 18 个月，便开设了 91 家店。这时，它接受了味千拉面的投资，销售额高达 2 亿元台币，但是只允许对方占有 2%的股权。与此同时，还接受了汇丰银行价值 7 亿元的投资，但也只占有 85 度 C7%的股权。

这就给很多企业一个信息：当形势非常好的时候，不妨乘胜追击，让自己成为制定游戏规则的人，此时就有可能成为企业的转折点。

尤其对于“偶然暴利”企业，在业绩良好的情况下，让企业变得众人瞩目，为将来的发展打下良好基础。

有市场就会有资金流。大家都想着赚钱，就必须找到盈利点，而在赚钱的过程中，有可能出现各种状况，这需要建立完善的保护体系，这看起来挺复杂的，其实是商业模式中的一部分。

有人会产生疑问，一定要建立商业模式吗？难道就没有其他方法，让企业在市场中得以生存？下面列出了五个理由：

第一，**商业模式可以让企业用最少的投入，换取最大利益**。和以往不同的是，麦当劳变成了 24 小时经营，很多人觉得，多了 8 个小时的运营时间，会不会增加其成本？答案是“微乎其微”，除了少量的水电费和人员工资外，它几乎没有产生其他额外成本，让同一份租金产生了最大效益。

商业模式一旦建立，很多流程就会更加系统化。如果所有工作都按照标准化程序，不仅方便复制和培训，还可以增加效率，团队中每一个人的职能就会得到尽情发挥，这就是麦当劳超越肉夹馍的原因。

第二，**最好的投资是明天有成就，后天有收获**。建立起商业模式，就可以让老板的投资变得有意义。综观整个流程，投资环节相当重要，向哪些方面投资，如何正确对待回报率和周期，都是老板要面对的问题。在商业模式中，说到了盈利点，当老板看准盈利点，就有可能令收益大增。

第三，**正确对待利益相关者，做好“分享”、“分配”和“分担”**。M 立方商业模式中，将利益相关者都看成客户，只有彼此密切合作，才能令企业创造出价值。老板将经验传授给下属，下属通过努力创造更好业绩；A 公司负责产品开发，B 公司负责销售等，这些做法都会间接降低企业成本。

之所以要建立商业模式，是为了避免企业孤立某些利益相关者，从而错失赚钱的机会。

第四，**提供优质服务，是建立商业模式的重要环节**。很多人选择苹果手机，就是看中它的游戏功能，据统计，相关软件已经被下载超过100亿次，不少软件刚开始都是免费给用户玩，当觉得不错时，就会想着升级、更新，而升级、更新是要收费的，苹果通过这种方式获得了不少盈利。

商业模式中，锁定客户是第一步。当对方青睐甚至“依赖”你的商品时，就可以找他们要钱了，有时候，商家并不需要直接收费，可以生产出收费的相关商品，如某个交友平台，开发了一些应用程序，其中某些环节需要收费，当客户玩得尽兴时，他们就会立即掏钱。

第五，**建立起商业模式，有利于形成良好的交易结构**。有效的“模式”，会将利益相关者聚拢到一起，为了共同的目标而努力，其核心就是要将利益最大化。判断商业模式好坏的标准只有一个，即谁创造的价值更大。

影响利润有两个方面：销售额和成本。在建立商业模式的时候，企业更需要关注交易价值和交易成本。

如A、B两公司年底纯利分别比上年增加了10%，但其中一个老板却不高兴，因为找银行贷款要交纳10%的利息，由于成本比别人高一倍，相应的利润就会减少。在建立商业模式前，很多老板并未仔细算过交易成本，而好的商业模式，却可以在交易价值扩大的基础上，减少交易成本。

老板们投身市场是冲着赚钱去的，正因为优秀的商业模式能够带给他们更多利润，所以才成为他们的选择。

确定模式，发现未被满足的消费市场

当企业决定建立商业“模式”的时候，往往会发现无从下手，其中有一些关键点，把握好它们，框架就被定好了。这个过程不但不枯燥，还特别有意思，因为企业可以发现之前从未涉足过的市场。然而，模式一旦被确立，就会形成看不见的“游戏规则”，它们不但不会束缚企业，反而能起到指引的作用。

20 世纪 50 年代，美国出现了两种复印技术，分别是光影湿法和热干法，这两种方式都无法获得优质效果，不仅效率低下，还总把复印品弄得很脏，这种企业利润可想而知。后来，“剃须刀—刀片”模式的产生，吸引了很多用户：这种方式是以非常低廉的价格销售复印机，但是对配件和耗材单独收费，利润就上升了。后来，随着新技术的诞生，一种名为“静电复印术”的商品进入消费者视线，几乎同一时间，新型复印机也出现了，可是这两样东西的价格太昂贵了，很少有顾客垂青。此时，这家企业想出一个办法：用户可以租用复印机，每个月还可以享受 2 000 张免费复印纸，超过的部分，按每张 4 分钱收费。结果，出现了令人意想不到的情况：很多用户在尝试新产品后爱不释手，因为它既快捷又干净，很多公司一天的复印纸使用量就超过两千张，凭借对耗材的收费，在随后十几年中，该公司一直保持 41% 的销售增长额，到了 1972 年，它已经成为年收入 25 亿美元的商业巨头，它就是施乐公司。

可见，优秀的商业模式能够为企业带来巨额利润。推动公司发展有三个关键要素：态度、系统和模式。它们不是平等的，态度教我们如何做人，系统教我们如何做事，而模式为前两者提供了平台。

企业的目标和经营理念，为平台的打造提供比较客观的依据。很多人认为，商业模式是相通的，只要将框架建立起来就可以了。实际上，每个企业都有自己的特性，不能一概而论，应当遵循一定的流程，从企业定位开始，到业务规划，从而找到适合企业发展的商业模式。

如何确定商业模式的建立流程呢？

首先，给企业正确的定位，企业需要了解自己想要什么。一定要反复琢磨企业所处的行业。可以借鉴下面的方法真正了解你的公司。

第一，按照所销售的产品和服务。如丰田公司销售汽车，东方航空运送客人和物品，施乐公司提供复印机服务。

第二，强调针对某类客户群的某些业务。如通用电器为客户提供整体服务、东软的软件供应商也属于这种行业类型。

第三，根据企业所处行业价值链环节，确定其业务类型。你是供应商、经销商，还是制造商。

第四，针对企业关键资源，确定它的业务类型。如来伊份做特许加盟，苹果做品牌授权等。

其次，了解企业的关键资源和业务系统，这是核心部分。企业资源包含很多种，但是关键资源却寥寥无几，并且十分重要，企业内部资源不是均等的，所以说，要根据核心资源定商业模式。如何确定关键资源呢？

第一，通过了解商业模式的其他要素的要求确定。因为构成“模式”的因素多种多样，所以要进行综合考虑。

第二，把关键资源当作核心，创建整个商业模式。这种以点带面的方法，可以凸显核心资源的优势，让其他要素都为他服务，最终将其放大，甚至可以成为企业的主打优势。

再来看业务系统，没有业务活动，企业就不可能盈利，同时将企业联成整体，因为每一项业务都有可能牵涉公司上上下下，那么，制定完善的企业流程就显得格外重要了。高效的企业系统，需要很多部门的配合，越默契越能弥补其中的漏洞，这个过程便是在发展未开发的市场。从另一个角度说，公司的业务系统越完善，发展新客户越容易，你可以将企业情况详细地说给对方听，并且在他产生购买欲望的时候，马上抓住机会。

当然，了解企业的盈利模式也至关重要。不妨设立成本支付和收入来源两个维度，盈利可能不是直接来源于客户和项目，而是从第三方获得，成本和风险也不是由企业一方承担，而是与第三方共同承担。

M 立方商业模式中，我们说到了利益相关者，这不是在“模式”建立之后才被发现的，而是要求事先想好，哪些人和企业有利益关系，然后全部放入“模式”中，当你需要接触这些关系的时候，就能马上被提炼出来。

想要扩大企业的销售渠道和延伸业务链条，必须先有准确的定位和充分的了解，这是建立商业模式的前提。争抢市场份额的最简单方法，就是在那些未开发的领域中寻找，而这一切都会在建立商业模式后变得简单。

唯有商业模式能让企业走得更远

可以将企业比作一个人，经历出生、成长和发展，谁都希望自己能够走得更远，站得更高，如果一个人不具备良好的习惯和优良的素质，是无法成为优秀人才的。企业也是一样，没有形成优秀的商业模式，便无法走得更远。

我们的身边，存在着不少知名品牌，如星巴克、麦当劳、丰田、奔驰……这些常青树企业已经形成自己的管理风格，它们在成熟的商业模式中不断发展，最终形成今天的规模。除此之外，我们的周围还出现了很多短期内崛起、并且发展势头猛烈的企业，如85度C、阿里巴巴、腾讯、新浪微博等，它们的共同特点是，形成了完善的商业模式，有稳定增长的盈利点。

研究了不同类型企业的生存情况，所有人都希望企业保持暴利状态，让企业走得更远。想要“持续暴利”，就得把握身边一切赚钱机会，“东一榔头西一棒子”是不能完成你的这个愿望的，必须有一套完整科学的流程，最简单和最直接的方法就是形成商业模式。

先来看美特斯邦威的发展史，你能否从中获得经验：

截至2008年，这个已经成立了14年的服装企业，形成了较大规模，光是成衣供应商就有310家，并且深受年轻人的喜爱。美特斯邦威并没有自己的工厂，属于生产外包型企业，这和它的经营理念有很大关系。考虑到以下两方面，企业不需要拥有生产线。

第一，不值得。服装业属于“微笑曲线”行业，比较注重设计和销售环节，它们的附加值也比较高，而生产环节却不能产生很大利润，反而容易占压资金。放弃生产环节，管理难度也相应减少了。

第二，没必要。中国的长三角和珠三角，服装生产企业已经面临产能过剩，为什么不利用市场上很多优秀生产商，而要自己开设工厂呢？

在美特斯邦威的商业模式中，将“无需设立工厂”和“没有工厂情况下的产品工艺保护”列为重要部分，不设立工厂是前提，后者对它有保护作用，并且列出了详细的计划。

企业针对商品的设计、生产流程、质量等方面，进行了详细的规划，对原料、辅料等进行严格控制。为了让生产更具有预测性，企业开设了“订货会”和“现货销售”模式，前者能够提前十个月了解当年服装趋势，并可以提前半年开展产品设计。后者一般在夏季、冬季和农历新年举行，这部分产品更具有突击性，但也能促进销售。

可见，建立起商业模式后，企业能够遵循一般规律发展，即便遇到突发情况也不必过于担心，因为之前已经想好了预案。

不具备商业模式的公司，可能在短时间内有发展，但是无法长久生存于市场中，因为缺乏抗风险能力，所以被淘汰的可能性很大。

那么，**商业模式是如何推动企业发展的呢?**

首先，商业模式是固定存在的，企业需要哪些资源，都能一目了然。建立业务系统是其中比较重要的环节，如何开发客户？如何交流沟通？如何应对突发情况？都能从商业模式里找到答案。企业流程就像一根标杆，必须这么做，才能创造更多效益。

正因为建立商业模式是一个比较复杂的过程，期间企业可以详细考虑很多事情，如目标、经营理念、计划方案等，利用这段时间好好整理和规划，对企业将来的发展大有好处。

其次，发现身边的利益相关者，有利于企业形成科学的价值链条。之前说到了 M 立方商业模式是形成“持续暴利”企业的基础，你的身边可能存在很多能为企业创造价值的人，只是你没有发现，或是没有整理出来。形成和使用商业模式的过程中，有利于企业整理好价值链条，去接触这些

“关系”，从而让企业有更多发展空间。

说到价值就要说到成本，减少成本也是企业得以发展的重要环节。纵观那些“持续暴利”企业，大多不是独立承担风险的，而是将工作分配给利益相关者，提高了利润，也降低了风险。

还有，一旦建立了商业模式，其中的各个部分就有了保护。M立方商业模式中，要建立起多维度保护系统，当出现问题时，可以马上找到解决办法，或是直接将问题“拒之门外”。就像电脑中装载的“病毒防火墙”，会把病毒挡在电脑之外，商业模式就能起到这个作用。

同时，商业模式还能起到预警作用，当某些危害企业利益的行为发生之前，企业就能从细节中嗅到“危险的气息”，及时将风险降到最低。

可见，优秀的商业模式能够帮助企业形成良好的习惯，并且最终获得利润，这个过程中，还需要通过降低风险来保证其稳定发展，长期下去，企业的市场竞争力就会上升，这便是“持续暴利”的秘密所在。

巴菲特：未来的竞争是商业模式的竞争

很多研究者认为，商业模式比任何形式的营销与策划都重要。通过研究不同企业的商业模式，我们清楚地认识到：这是对更高层智慧的提炼。即便已经对此做出了解释，还是有人会问：商业模式到底是啥？用最简单的话说：就是让商家赚更多钱的方法。没有优势的人，可能终生都碌碌无为，没有建立商业模式的企业，就会在迷茫中摸爬滚打，赚钱与否全凭运气。

股神巴菲特说：“未来的竞争就是商业模式的竞争。”

如果说品牌是有形的手，那么商业模式就是无形的手，很多企业能在短时间里形成巨大规模，甚至成为“经典”，表面看来好像是品牌的作用，实际上要归功于商业模式。

如果要问麦当劳是卖什么的？答案可能五花八门：快餐、环境、服务、饮料……而真正的答案会令所有人咂舌，麦当劳是做房地产的。

这是其创始人克罗克自己说的，他同时表示：“我要是仅仅做快餐，麦当劳早就倒闭了，大家之所以不知道，是因为我把房地产和做快餐密切结合起来，前者并不是独立完成的。”

在国外，麦当劳采取了特许经营的方式，先进行考察，然后把店铺盘下来，并谈好在 20 年租期内不涨价，然后将这个店转租给加盟商，同时加收 20% 的租金，以后还要根据这个店铺的市场行情，相应调整租金。你看，这才是麦当劳赚钱的秘密，在它的商业模式中，快餐是吆喝，而房地产却是盈利项目。从这个案例中，我们看到了这只“无形的手”的威力，这就是商业模式的巨大力量。

让企业持续赚钱，是管理者最简单的愿望，也是终极目标。面对纷繁复杂的市场环境，如何让公司持续盈利，成为很多人思考的问题。有人问：商业模式的威力到底有多大？用一句话来概括：在不远的将来，企业之间能够比较的就是有没有商业模式，“模式”是否科学有效。

那么，要从哪些方面思考商业模式的重要性呢？

首先，商业模式不等同于管理方式，前者是战略，是后者的升华。如果说之前大家都非常重视企业管理，那么如今人们将更多目光放在了战略上。**管理更注重精细化，反映企业的执行机制，而商业模式却倾向于方向**

和目标，是具体管理工作的提纲。

传统营销方式，就是将产品卖给用户，从而获得收益，虽然这种方式并没有退出市场，却无法再给企业带来持久效益了，因为市场中出现了很多替代商品，尤其在新型网络营销方式出现之后，实体店更是受到冲击。老板们都在想：投进去的钱能收回来吗？为了避免企业受到冲击，必须找到更多“利益相关者”，他们不仅可以带动效益的增长，还能降低企业成本。

其次，商业模式看似简单，却有着非常丰富的内涵，正因为囊括的范围很广，才让所有工作都有章可循。既然是“模式”，就需要对重要领域的工作进行重点监测，从而形成一个“流水线”。随着市场的发展，企业的新点子越来越多，用户的眼光也越来越挑剔，而这些“点子”如何被正确运用，还需要一套完整的方案，商业模式就能起到这样的作用。

此外，商业模式能够带给企业的保护力度也很大，这里说的“保护”有较大范围，简单地说，就是降低企业运营风险，减少后成本开支。传统企业里，需要有工厂、设计部、质量部、行政部等，因为它既要进行设计，也要进行生产和销售，环节越多，可能出现问题的情况也就越多，而不少现代企业却打破了这种规律，先确定公司的优势，再计划要做什么，对于不擅长的事情，交给擅长的人去做。美特斯邦威就是很典型的例子，它擅长设计，但生产是劣势，并且目前国内已经有较为成熟的制衣厂，为什么不让人家去做呢？

说“未来”，可能已经不准确了，因为有越来越多的企业把目光投向建立优秀的商业模式，有些早已建立成形。商业模式的竞争，就像一场没有硝烟的战争，你准备好了吗？

M立方商道逻辑：打造模式，提供平台

说到 M 立方商业模式，很多企业最关心的就是它如何为企业服务。很显然，它无法提供具体的做法，却具有非凡意义，原因便在于打造了模式后，会为企业提供发展平台。与具体工作相比，良好的平台更加重要，更何况在这个平台中，还有很多供企业使用的优质资源。

打造商业模式已经成为当下国内市场最重要的工作。“模式”一旦建立，就很难改变，所以说，企业一定要把握好过程，在不断积累经验的过程中，找到最适合企业的生存方式。商业模式是无形的，可塑性非常强，建立前，一定要弄清楚企业的性质和情况，M 立方商业模式为大众提供了笼统的概念，从营销方式到保护手段，每个企业不能生搬硬套，以免出现反效果，应当先进行资源整合，找出你的“利益相关者”，他们能为你带来哪些收益，同时如何分担风险。

2006 年，“如家酒店”在美国成功上市，不久，公司市值就达到 8 亿美元，成为很多人眼中的奇迹。

从组建到上市，如家酒店只用了四年时间，截至 2010 年年底，公司已经拥有 1 000 家门店。很多外国企业花费十年时间都做不到的事情，如家做到了，这源于其一开始就按照资本市场的规律，设计了优秀的商业模式，它的核心优势便是“可以被复制”，这完全符合连锁酒店的特质。

这里的“可复制性”包括两方面：一是让底层做到标准化，当所有门店都形成统一规模，就能够在保证质量的前提下，使成本降到最低；二是

让高层做统一动态管理。当基层做到标准化后，高层就能对下属实施控制，当高层做到统一化，下属就不会出现迷茫，这便是如家成功的关键。

说到底层标准化，如家在两个方面有所体现：质量标准化和管理标准化。为了实现“不一样的城市，一样的如家”的承诺，该企业制定了十六本酒店运作章程，甚至对很多细节做出具体规定，并且打破以往用主观判断酒店好坏的标准，而是具体到数字，如毛巾要反复清洗、烘干 100 ~ 120 次，这么具体的要求，才能彰显酒店的高标准。

在管理方面，如家也制定了较为严格的标准，从店长到服务生，都有相应的考核评比标准，考核内容涉及很多方面，当然，评分只是手段，目的是要及时发现问题，然后马上解决。

关于高层统一化，如家也有独特的经验：将统一的客源平台和动态管理系统结合起来。在此之前，国内酒店都是单独存在的，没有形成网络营销。而如家在一开始，就想到通过统一的客源管理模式，提高业绩。随后，它将 CRS（中央预订系统）和 PMS（自主版权管理）联系到一起，从而提高了酒店入住率。

值得一提的是，虽然如家实行统一管理，并没有因此忽略要“因地制宜”，所以说它的管理是动态的。针对不同地区的具体情况，如家能够立刻做出反应，PMS 系统可以反映出不同门店的入住率、平均房价等信息，这些数据能够在第一时间解决问题。

可见，已经形成商业模式的如家，在较为严格、系统的管理中，不断运营和发展，使得该企业不断处于良性循环中，才有可能持续盈利。

那么，M 立方商业模式中，关于“模式”建立和平台打造，企业还需要注意些什么？

首先，不要认为“模式”很死板，它是固定的、有效的且灵活的。M立方商业模式有自己的套路，在制定本企业商业模式时，需要充分考虑所有细节。在“如家”成立前，国内酒店都采用单独经营的方式，虽然也取得一定业绩，但是没有高速发展，就是因为没有建立健全的商业模式。

认为如家的商业模式很神奇，原因就在于它不但能够保持稳定，还非常灵活。涉及产品和服务一定要细节化，并且实行严格管理、规范人员行为等，虽然这是具体的管理方式，但也应当在商业模式中有所体现。

很多大型企业都有分公司，或是下属机构，有些管理方法在总部适用，等到了下面单位，又不适用了，为了避免这种情况的发生，就需要商业模式具有灵活性，就像如家酒店那样，不仅有“中央控制系统”，每个门店还有自己的管理软件和方式，这两者结合起来，才能确保企业的效益。

其次，具体操作能够顺利进行，需要有适合的平台，从这个角度说，商业模式更具有统领全局的作用。想要打造一只强有力的团队，执行能力不容忽视，但是如果没有好的平台，“执行”就会打折扣，在这样的情况下，商业模式就显得尤为重要了。

实际上，平台更像一个广阔的空间，将大致方向定好了，在进行具体行为前，都要根据这个“平台”制订计划。如家酒店就是这么做的，公司确立了基本营销流程和各项标准，每个门店可以根据不同情况，制订出具体方案，才能保证入住率达到最高，同时获取高额利润。

可见，M 立方商业模式作为引导企业生存和发展的“纲领”，不仅能够提供有效的平台，还能让既定模式成为指引企业前行的“明灯”。所以说，想要企业不断发展，就得先建立起完善的商业模式。

第四章　你是如何定义商业模式的

美国引领商业模式时代

“商业模式”是学者对一些较为成功企业经营模式研究后得出的结果。很多人不解，为何有些企业家能够成功？而那些企业家也随之成为相关人士渴望研究的对象，随着研究的深入，人们发现美国对商业模式的建立和发展起到相当重要的作用，我们来深入探讨一下。

商机从何而来？我将其来源分成三个方面：未被解决的问题、未被满足的需要和未被重视的尊严。如果你去服装产能已经过剩的珠三角开一家服装厂，多半不会获得很高收益，反之，当你能够满足消费者最迫切的需求时，钱流就会朝向你。

市场上发现一种需求：1995 年之前，报纸和杂志上的图片都是专业记者拍的。一方面，不少纸质媒体商需要大量图片，但是自己公司的签约记者和专职记者无法将全天下的美图全部搜罗过来。另一方面，公司又需要独家照片来促进销量。而很多摄影爱好者的大量美图又闲置在家，这时候，有人发现了这个商机，将两者巧妙地结合起来，提出这个设想的就是美国盖帝影像公司。

公司成立后，形成了这样一个平台：有照片的，把它们放上来，供需要照片的人挑选购买。如今，该公司在一百多个国家和地区开设了服务点。

2008 年我国举办奥运会，也向盖帝公司购买了照片。盖帝公司之所以能够成功，是因为它将供需结合在了一起，并且开创了很多新业务，创造了很多个“第一”。

建立商业模式，就是为了找到利益相关者。无论是需要照片的人，还是拥有照片的人，都可以称为“客户”，公司这样做，能够为企业创造更多价值。在很久之前，很多美国企业就已经形成完善的商业模式，无论是致力于为客户提供全套解决方案的“通用电气”和“惠普公司”，还是靠着“大片”生存下来的欢乐王国——迪士尼，在建立商业模式方面，他们都堪称“先行者”，正因如此才会创造出巨额利益。

商业模式看似简洁，却蕴含了丰富的经营秘籍，根据不同行业的具体情况，“模式”又分成很多种类，不论企业采用哪一种方式，目的都是为了提高企业竞争力。下面做一些简单的分类，看看美国企业是如何引领商业模式时代的。

首先，商业模式的简单逻辑类。美国通用电气就是很典型的例子，它不仅有完善的企业管理系统，还为客户创造了一整套服务流程。它的理念很简单，客户需要什么，企业就提供什么，甚至将提供的服务形成一个整体，让用户有相当享受的体验。

惠普电脑，其价值主张倾向于消费型点子商品，如“打印机、家用电脑”等，正因为很在意消费市场，所以惠普有超过一半的收入来自于此。对于惠普而言，将更多资源投在产品的研发和创新方面更加重要。

迪士尼也是简单逻辑类的典型代表。那些动人的卡通人物，能够给消费者带来无限欢乐，这就是其吸引客户的最大优势。

其次，商业模式的复杂逻辑类。像多细胞生物一样，这类企业是由多重管理模式构成的。举个例子，可口可乐公司，首先给自己一个准确的定位，将目光放在非碳酸饮料领域，据此，它对业务进行了一些调整，通过重组装瓶系统，拓展了市场。此外，可口可乐的盈利模式也设计得非常好。20世纪80年代前，那个神秘配方还能够给企业带来利润，可如今这个优势基本上不存在了，企业的兴起靠的是新商业模式。

凭借传统商品和强大的品牌推广活动，可口可乐才能锁定用户，并且通过不断研发衍生产品，来满足消费者的需求，这就是可口可乐保持暴利的原因所在。

再说说Facebook，扎克伯格是一位典型的80后，他已经建立了拥有全球无数网民的网络社交工具。正因为抓住了网民的心理,让他们在“脸谱”上获得了前所未有的体验，才令一个网站在短时间内风靡全球。80后的思想，总是纷繁复杂，他们需要获得更多信息，扎克伯格将这些“需求”全部融入网站,看似很简单,实际却非常复杂,因为想要满足不同人群的需求,确实不容易。

纵观很多美国企业，它们不仅很早就建立起完善的商业模式，还凭借企业的扩张和发展，将现金的理念带入全球。这是个商业模式竞争的时代，企业的当务之急是要选择优秀的“模式”，才能让企业持续盈利。

不同版本的商业模式新解

一直以来，商业模式都有很多版本，随着市场环境的不断变化，过去那些版本的商业模式也被注上新解，这并不代表实质发生了变化，而是适当的改变，是为了创造更优秀的“模式”，从这个角度说，新版本反而会令企业受益。

随着市场管理水平的提高，商业模式越来越得到广泛运用，这是良好的开端，当企业都致力于研究商业模式的时候，行业整体水平就会上升。与此同时，客户的要求和欣赏水平也在不断提高，当我们的周围出现各种新名词或新生事物时，企业就需要考虑如何满足客户的需求。这时，将商业模式拿出来重新解读是很有必要的。

人们通常将美国动画也称作大片，那些制作精良、故事简单有趣的动画片给人留下了深刻影响，有些经典卡通人物一直被人们记在心中。在东方，也有一个国家具备优良的“动画”天赋，那就是日本，为了弥补成本和技术方面的缺憾，日本动画片会在情节上下功夫。

从题材上看，美国动画片更符合其移民国家的身份，被称为“鸡尾酒”文化，取各国文化所长，在降低成本的同时，更容易符合消费者口味。而日本动画的内容通常来自本土，这就向世界推广了日本文化。

除了剧本，日本漫画在很多方面值得我们学习，如果题材较好，通常会出漫画和动画两个版本，有出版社做后盾，经济收益就会越高，同时风险也降低了。接下来,市场上又出现了大量相关商品,也被消费者争相购买。

总的看来，相同行业在不同地域，会出现不一样的发展趋势，当环境出现变化，就需要调整相关细节，才能让企业站得住脚。

对比迪士尼和凯蒂猫，这是美国和日本不同动漫产业的缩影，正因为两个国家在很多方面存在差别，所以才缔造了不同文化风景。

商业模式一旦建立，就不能随意变更吗？其实企业建立商业模式，只是建立了大体框架，企业可以在其中填入适合的因素，即便客户的品位有所改变，也不会影响整体效果，因为商业模式中的内容具有灵活性。然而，另类解读靠的是企业的“嗅觉”，通过另一种眼光将事物看透彻，然后给他们挂“新标签”。

那么，我们到底该如何做，才能用新的方式解读不同版本下的商业模式呢?

首先，了解清楚本土环境和行业状况，然后对商业模式中的某些环节进行修改。“模式”应当是稳定且具有灵活性的，优秀的商业模式不但不会束缚企业，还会帮助他们更能适应市场。如某公司一直从事财务代理工作，面对竞争日益激烈的市场环境，需要通过开展新业务来带动企业的发展，可以开设“财务人员培训”等，既解决了当下市场上的需求问题，也为企业创造了财富。

商业模式的核心环节，始终被大家牢记。从这个案例中可以看出，公司一直保持核心优势，并且拥有完善的业务系统，面对不断变化的市场环境，能够尽快做出调整和选择。

其次，想要赚钱就需要盯着业务系统，其不但具有“弹性”，还有不断变化的盈利模式。企业越是有多种盈利模式，越能够吸引消费者，因为它本身就存在很大亮点。客户的要求不断变化，市场上又不断出现新产品，为了打破这个局面，就要对商业模式进行适当调整。

其实，不同版本的商业模式，在不同时期和环境下，会发生很大变化，“模式”这个框架始终存在，就看企业如何解读了。

商业模式是企业的盈利之道

老板们每天都会想：如何让企业赚更多钱呢？说起盈利之道，非常容易理解，就是赚钱的思路，在把企业打造成“持续暴利”企业之前，谁都没有十足把握，可是我们都明白“世上本没有路，走的人多了，便也成了路”的道理。在商业模式的指引下，企业才能够维持盈利，并且逐渐发展壮大。

1997 年 10 月，著名的风险投资顾问罗伯森·斯蒂文向中国的亚信 CEO 提问：“你们建立了什么样的商业模式？”对方觉得很诧异，反问他：“什么是商业模式？”斯蒂文很奇怪，作为一个 CEO，居然不知道商业模式，便解释道：“一块钱通过你的公司绕了一圈，变成一块一，商业模式就是指这一毛钱在什么地方增加的。”这个例子很形象，也说明商业模式是进口的。不管哪个国家的企业，都要进货和销售，这个过程就产生了商业模式。

刚进入新世纪，就面临互联网泡沫破裂的事实，很多企业受到波及，原时代华纳的首席技术官迈克尔·邓恩在接受《商业周刊》采访时说：“每一个企业的发展，都离不开稳定的商业模式，不要觉得技术是最重要的，而忽视了商业模式，后者才是至关重要的因素。”

如今，大家都已经意识到现代企业的竞争就是商业模式的竞争，谁建立了完善而优秀的“模式”，谁就能够在行业中脱颖而出，成为佼佼者。

有人曾经做过调查，倒闭的企业中，有将近一半是因为没有建立商业模式而“关门”。

开创企业的盈利之道，不仅是一次创新，更是一次全面升级。所有大型品牌都是从小企业一步步走过来的，其中商业模式所占比例可想而知。如百事可乐是卖饮料的，苹果是卖电子产品的，微软是软件制造商，迪士尼是做卡通动漫的，小肥羊是一家火锅店……实际上，它们的核心商品就那几个，却开成了全国连锁甚至国际品牌，原因就在于建立了完善的商业模式，用低成本换取了高额收益。

关于商业模式的定义，下面这段话令我印象深刻：

“商业模式就是为了实现客户价值最大化，把能使企业运行的内外各要素整合起来形成高效率的、具有独特核心竞争力的运行系统，并通过提供产品和服务，达成持续盈利目标的组织设计的整体解决方案。”

这段话非常详细地说明了商业模式的存在意义。简单地说，企业就是要把身边的资源整合起来，形成一条有利益关系的“链条”，然后将身边的利益相关者综合起来，通过最低的成本获取最多利益。

那么，“商业模式”和盈利之道中间，到底存在什么样的关系呢?

首先，商业模式有较广的范围，能够将获利的因素全部囊括进去。建立“模式”的意义在于，能够将获利因素整合起来，形成较大利益团。如M立方商业模式中，需要企业找到与企业利益有关的人、客户、供应商、合作伙伴等，因为你不可能具备所有优势，这就需要从其他人身上寻找自己需要的东西，才能够产生利益。

收益伴随风险。当企业取得经济利益的时候，不少人想到风险问题，建立商业模式就能解决这个问题。当企业与其他“利益相关者”分担收益的时候，风险也同时被分担了，这也是保证企业利益的好办法。

其次，成功的商业模式重在创新，只有打败了对手，才可能获得成功。这里说的创新，不一定是技术方面，重要的是对经营环节的改造，企业可以通过对以往经营模式的重组和规划，从而颠覆之前的游戏规则。可以对整个营销环境进行审核与改造，用崭新的面貌，迎接更多用户。

通过研究可以知道，失败的企业大多相似，而成功的企业各有各的方法。前者不是我们讨论的话题，后者却需要引起我们的重视，根据不同企业的发展规律，摸索和制定出一套适合企业发展的商业模式，才能提高企业的市场竞争力。

百度有竞价排名，蒙牛有事件营销，国美电器有“多成分系统模式”，海底捞的招牌是服务优良，海尔电器凭的是售后服务，联想电脑采用多元经营，娃哈哈利用渠道营销方式……可见，每个成功的企业，都找到了适合本企业发展的方式，凭借独特的经营理念和营销手段，它们都获得了成功。

市场不断变化，竞争也日益激烈，这时想要脱颖而出并且寻找适合的发展道路就显得尤为重要了，而建立商业模式就像“不走寻常路”，只有设计出适合自己的“模式”，企业才会不断发展壮大。

30 年前靠机会，30 年后靠模式

机遇，成为很多人成功与否的关键，不过，这只能反映30年前的情况。改革开放过去30多年了，彼时把握机会的人，大多收获了财富，所以人们说：“改革开放就像撕开了一条口子，让很多人看到了希望，抓住机遇的人就有收获。”而30年后的今天，人们在饱尝改革开放成果的同时，也意识到市场竞争已经进入“白热化”状态了，想要企业盈利，就必须依靠有效

的商业模式，所以很多人说："30年后靠模式。"

从改革开放到现在，中国的经济有了飞速发展，随之而来的是消费者文化品位的提高，如果你还用传统的方式，就会令企业陷入困境，这时商业模式就会产生效用。你身边为什么会出现很多大品牌？是因为它们早已建立起商业模式的框架，并且在实践中获得了成功，从这个角度说，当下是商业模式的竞争。

随着房地产事业的蒸蒸日上，相关企业也获得了很大收益。专业人士预测，在未来十年内，城市人口将达到6亿，人均居住面积达到30平方米，这样算来，将有180亿平方米的物业需要管理，很显然，这是一个巨大的市场。

深圳的"花样年华物业公司"，它在行业中占有一席之地，不过它的商业模式却有些"另类"。从2002年公司成立后，一直保持较低的收费，虽然在一段时间内公司亏损了，但是5年后却获得了巨大利润。"质优价廉"是业主们对花样年华的评价。在得到深圳市认可后，公司就一直保持非常低的收费价格，这时它受到同行业的斥责，认为它是在搞噱头、炒作，甚至被冠上"恶性竞争"的名头，事实果真如此吗？我们从商业模式的角度分析花样年华的盈利状况。

首先，花样年华在管理定位上与传统物业公司有所区别。后者的定位是日常维护和管理，而前者将更多目光放在"社区增值服务"上。成立初期便有远大目标，这是花样年华能够成为行业佼佼者的原因，在建立商业模式的时候，该公司就设计了独一无二的盈利模式。

其次，花样年华设计了与众不同的业务系统。传统物业公司，会将员工培养成"全能"人才，这会提升企业成本，而花样年华运用了网络化平台管理，并且根据员工的特长，将他们分到适合的岗位，从而降低人员成本。

同时，花样年华的盈利模式也值得我们研究。传统物业公司收入来源单一，就是管理费，而该企业利用推广的社区增值服务，创建了“多彩生活”服务系统，因此，它的收入来源呈多元化状态。

提高收入并不能促成花样年华的高收益，还需要通过降低成本的方式，减少企业风险。如成立自己的维修小组，减少了这方面工作外包的费用；建立监控系统评估，减少偷盗行为的发生。这些做法，为企业节省一大笔开支。总的来说，花样年华将这些工作分配给有经验的员工，而不是让外单位的人来做，这是降低成本的最直接办法。

随着市场的变迁，出现了很多“新颖”的公司和服务项目，这是新环境的产物。在高速发展的今天，企业寻找优秀的商业模式，比等待机会更加重要。

那么，**商家如何在当下复杂的市场环境中建立起完善的商业模式呢**？

首先，把建立商业模式看成首要工作，这是积累经验的过程，也让企业更容易抓住机会。如果一直沿用之前的管理方法，企业会越来越“疲惫”，这是客观规律，想要让公司充满活力，就必须形成一种“制度”，维持企业的发展。有些商家凭借独特优势，在行业中占有一席之地，据此就能保证其将来也可以维持这样的发展势头吗？谁都无法给出肯定答复，为了避免不良情况的发生，需要企业建立起有效的商业模式，将优势资源集中到一起，为企业的发展服务。

不少老板在接触“商业模式”的时候，公司还处于比较小的规模，他们通常会提出一个问题：“商业模式是为大企业服务的，对于我们这样的小企业来说，也有效吗？”哪一家企业不是从小作坊开始的？正因为在工作中不断积累经验，才找到了企业的优势和劣势，然后进行取长补短，从另一个角度说，商业模式的建立，是不断积累经验的结果。

其次，尝试不走寻常路，另类的方式也能够助力企业的成功。花样年华物业公司就是在完全颠覆了传统企业的管理模式后获得成功的。随着时代的变迁，人们的很多观念发生了变化，他们更希望获得舒适快捷的服务，并且对更能满足精神需求的商品表示喜爱，如果企业仍沿用之前的方法，不仅不能提高销售业绩，反而会令成本增加，企业还如何能赚钱呢？

一旦商业模式建立起来，就会像挤海绵一样，把空间腾出来，让更有优势的团队进驻，甚至挖掘出本企业的潜力，不需要借助其他公司的力量，就能实现之前的效果，如花样年华物业公司，把原本需要外包的服务，统统由自己消化，自然能够取得较好收益。

值得一提的是，商业模式作为最先进的管理方式，应当被所有企业采纳，企业不能抱有侥幸心理，认为自己可以凭借独一无二的“秘方”获得成功。因为你处在环境不断变化的市场中，如果没有稳定的模式作为支撑，企业是无法走得更远的，所以说，当你有了远大的目标，就得先建立起商业模式，这样才能获得更多收益，拥有自己的一席之地，从而更容易把握机会。

中国的商业模式时代

随着经济全球化的发展，中国企业也开始建立起属于自己的商业模式。商业模式是舶来品，如何让其与我国企业现状结合起来，并且获得预计的效果，成为很多企业头疼的问题。实际上，商业模式作为一种“模式”，有很强的可塑性，在经济不断发展的今天，社会要素更趋向多元化，而“模式”是具有容纳性的，是否成功在于企业如何管理和归集这些要素。

如今，企业的竞争，归根结底是商业模式的竞争。说到“模式”大家都觉得很简单，可是，真正处理具体问题的时候，需要考虑到商业模式的可复制性、盈利逻辑和是否能被贯穿到基层等，这些是确定商业模式能否为企业带来持续暴利的重要因素。一些学者认为，商业模式需要设计。每个企业都想拥有科学完善的商业模式，这就需要老板带领企业设计出自己的商业模式，同时把握好这个机会，将商业理念在企业中进行传播，确保每个部门都能按照该“模式”做事。

值得欣喜的是，我国很多企业已经建立了自己的商业模式，人们生活的“衣食住行”方面都有较为响亮的品牌。

餐饮类，网上曾流传这么一句话：没有人能够阻止“海底捞”了。说的就是它的服务，从顾客想到这个品牌开始，顾客的所有愿望，海底捞几乎都能实现，让顾客有前所未有的就餐体验，加之菜品新鲜，汤底鲜美，让海底捞在短短几年内获得巨额盈利。

服装类，有一句广告语是这么说的：男人，一年逛两次“海澜之家”。这个品牌店已经开在了很多城市，并且吸引了众多消费者。说到海澜之家的商业模式，不得不讲到“神奇”的风险拆分法：海澜之家的产业链中，公司先设计好服装，然后交给上游供应商生产，在入库的时候，只缴纳不超过 30% 的费用，剩下的钱款逐月与供应商结算，并且在合同中注明，如果商品质量不合格，要退回去。对于下游领域，海澜之家实行统一管理，加盟商只需要交纳保证金，并且租好店铺就可以，其他事项由总部统一管理，加盟商不承担任何风险，这就是海澜之家吸引更多参与者的办法。海澜之家巧妙地整合了上下游关系链，公司负责设计和调配资源，服装供应商负责生产出优质的衣服，加盟商在总部的培训下销售商品，当所有部门都能顺利完成工作的时候，企业的整体实力就会上升。

酒店类，近几年，“百时快捷酒店”逐渐被客户熟知，尤其是那些年轻的旅行者和商务人士，作为“锦江之星”的下属酒店，百时秉承了其清爽明亮的风格，保持一贯的简约，同时给用户非常舒适的感觉。很多人选择百时，是因为它干净、入住方便、价格低廉。那么，该酒店如何赚钱呢？住过百时的人都了解，其房间很小，而且没有配备生活用品，正好很多人不需要这些，因为他们习惯了自己的洗漱用具，而价格上的优惠，是用户更加期待的。

出行方面，如今很多航空公司与各大商业体形成联盟，成为合作关系。如交通银行的信用卡积分，可以换“飞行里程”，这就是很好的结合，对于很多人来说，信用卡是生活必需品，飞机出行是常用交通工具，将这两者结合起来，就能获得更多盈利。

当然，有些航空公司的盈利点远不止如此。西南航空公司就是很好的例子，其系统不发售机票，而是让用户通过电话、网络等渠道订购后，系统会发送一串编号到用户手机上，旅客可以在现场直接办理登机手续，还可以自主选择座位。值得一提的是，机组人员的服装也着实令旅客大开眼界，到了夏天，他们会穿上短裤、运动鞋和白袜子。西南航空公司的机票很便宜，这令客人非常满意，为了降低成本，飞机上只提供很简单的餐食。不过，令客户非常满意的是，乘务员的服务非常周到，不但脸上一直保持微笑，同旅客沟通的时候也非常幽默，这是无须增加成本的。

随着中国企业实力的不断增加，越来越多的企业成为有影响力的品牌，还有很多企业正在形成或是完善商业模式。从好的方面看，国内市场已经越来越规范和优质，因为企业都意识到商业模式可能带来的巨大收益。当然，国内市场也存在很多缺陷，如商业模式的普及率不够高，“模式”的建立没有考虑到很多细节等，不过，这些都能经过修炼，逐步达到完美。

商业模式迷思：别把模式当“真经”

很多人认为，只要企业建立了商业模式，就一定能够获得巨额利润。这个想法是错误的，首先，你不知道建立起来的“模式”是否适用于本企业，此外，市场环境不断变化，如果商业模式中的细节没有及时调整，很可能会影响销售，所以说，别让自己在商业模式中“迷失”，不能将模式看成“真经”。

近年来，“商业模式”成为众多老板口中的常用词，动不动就拿它说话。商业模式不是灵丹妙药，企业无法随便复制他人的成功，想要获得最大价值，应当注重各要素之间的互补性。

优秀的商业模式能够帮助企业走向成功，但是这里的“好”是在特定时间和环境下产生的，盲目复制其他企业的商业模式，只会令自己陷入困境。分析一下以下两家公司的情况，你或许能够有深刻理解。

施乐公司的情况在前面章节中已经介绍过，它运用低价租赁打印机，并且免费赠送试用打印纸的方式，让客户在体验了优质的打印效果后，开始购买他们的打印纸，并且从中获得巨额利润，施乐公司由此创立了自己的帝国。

此时，施乐公司的对手出现了，就是蓝色巨人——IBM，经历了上一次的失败，它重整旗鼓，然后开始与施乐交手，可最终败下阵来。考虑到当时市场上复印机的租赁需求量增大，IBM 公司将复印机的租赁费用提高，然后降低复印纸的费用，这个想法看似很有效，最终却没有令企业获得预计收益，这场商战中，IBM 输得很惨。

造成这种情况的原因有三个方面：

第一，施乐公司的复印机早于 IBM 上市，并且优先提出“租赁”使用的方案，让用户觉得有创新体验，等到 IBM 提出这个想法的时候，用户已经习惯了之前的复印机，便不想换了。

第二，IBM 公司原来是生产电脑的，现在进入复印机市场，用户难免会想，这个公司生产的复印机，到底行不行，经过一番犹豫，他们还是会选择施乐公司的产品。

第三，两家公司用的是同一种复印方法，这令后起之秀 IBM 显得很没有优势。

了解 IBM 的人都知道，它的产品也非常好，只是没有设计好商业模式，看到施乐公司因此赚钱了，就盲目地复制了对方的做法，最终令企业陷入困境。

当一些企业看到其他企业通过建立“模式”获得了成功，便想通过复制他人的做法，让自己的公司也得到飞速发展，这个想法其实很天真。因为企业所处的时间不同，当外界环境出现了改变，很可能会对本企业产生影响，之前的做法就不适用了。此外，不同企业的性质、背景、经验都不一样，如果盲目采用其他公司的商业模式，很可能穿上了一双“不合适的鞋子”。

那么，企业如何做才能客观地面对商业模式呢？

首先，了解清楚企业所处的环境和内部情况，不要生搬硬套其他公司的商业模式，最好设计出本公司的模式。大多数人都有跟风的习惯，管理企业的时候也是如此，老板们看到对手公司因为某种商品或是服务，取得了巨大收益，就想着自己也这么做，往往导致了不良结果的发生，建立商业模式并不简单，需要企业“三思而后行”。

其次，即便企业已经形成了商业模式，也要关注在不同时间和环境下的变化情况。很多老板会产生这样的心理：只要建立了商业模式就万事大吉，可以放手不管了。这种做法存在相当大的隐患，当行业形势发生变化，或是消费者的购买倾向发生改变时，企业还是沿用之前的做法，就会令企业陷入困境。如 20 世纪 50 年代的人们需要解决温饱，90 年代的人们注重时尚，如今的人们注重精神文化需求，你的产品和服务也要向这个方向发展，所以现在出现了很多创意餐厅，顾客不仅是冲着“饱腹”去的，而且还渴望享受新颖的就餐体验，而后者才是“创意餐厅”保持盈利的关键点。

商业模式固然重要，但是不能将其当成“神圣”的事情，而是应当用客观的眼光看待它，这一点需要引起老板们的重视。优秀的商业模式确实能够为企业带来高额利润，但是检验其优秀与否的关键，是其是否适应当下的环境。所以说，在建立商业模式前、正在管理工作中、完成了某项工作后，都要对经验进行总结和提炼，才能用正确的眼光看待商业模式，这才是对企业负责的态度。

M立方商道逻辑：重新定义，重塑未来

虽然一直在说M立方商业模式的优点，但大家对此也不要“迷信”，认为只要建立了M立方商业模式，公司业绩就能蒸蒸日上，从而忽略了其他要素对企业的影响。实际上，我们应该重新看看M立方商业模式，是否存在理解上的漏洞。对M立方商业模式进行重新定义，是为了塑造更优秀的未来。

作为使用最广泛的商业模式，M立方成为很多企业的首选，正因为能够将身边的有效资源整合起来，所以更容易集中全部力量处理工作，同时降低了成本，只有在这个流派中，才说到了“利益相关者”，也就是很多人说的“共赢模式”。然而，即便已经建立了M立方模式，也不能保证钱流就滚滚而来，还需要进行深入细致的思考，看看到底哪些因素会影响企业的业绩。

很多人将M立方商业模式看成是成功的灵丹妙药，是因为大家听到的只是成功的案例，没有想到可能出现失败的情况。卜面是一个失败的案例。

1999年电台开始播放《蓝猫淘气3000问》这部动画片。这个可爱的本土猫几乎引起了所有人的注意，孩子们爱看，大人们感叹：“终于有了中国特色的卡通形象了。”在之后的很长一段时间内，“蓝猫”风靡大街小巷，这个形象的设计，采用了“典型+加法”的方式，本土形象加上外来模式，同时推出了衍生产品，实现了低成本运作，一时间，这只猫的身价翻了很多倍。随着市场需求的增加，蓝猫公司先后在全国成立了12个销售区域，

蓝猫的形象被贴到文具、日用品、玩具、服装、鞋袜等一系列物品上，但是，这并没有令企业走得更远，而是渐渐变成了“四不像”。从2005年开始，公司的业绩受到重创，之后的一段时间，始终没有崛起的迹象。

相关人员在研究这个案例的时候，总结了一些经验教训：

第一，商业模式的定位出现了问题。这部动画片只适合低幼儿观看，而他们是没有高消费能力的，这就为之后的失败埋下了伏笔。

第二，公司内部矛盾激化。随着蓝猫设计者的“出走”，并且成立了对手公司，企业面临着巨大压力和挑战，所以说，没有处理好相关利益者关系的商业模式，同样存在巨大隐患。

第三，制作和艺术水平处于低位。当今娱乐业发展迅猛，可蓝猫公司依然没有拿出设计和制作精良的产品，也就是说，企业没有形成核心资源，这是大忌。

第四，蓝猫的形象没有被加强，很容易被大众忘记，尤其是喜欢动画片的孩子们，他们更易出现“喜新厌旧”，而迪士尼就做到了这一点，可见公司没有形成完善的业务系统，才令蓝猫的形象“摇摇欲坠”。

第五，品牌很快被稀释。因为这个形象在各种商品中都印上“照片”，反而让顾客觉得没有主打产品了，相应的档次也降低了，这也是导致公司走下坡路的因素。

第六，衍生产品中，没有出现拳头产品。虽然大街小巷都能看到蓝猫的形象，但是这些都不是重量级产品，更没有形成品牌，只是贴个图片是无法保持畅销的。同时，企业没有意识到“蓝猫”这个形象能够产生间接效益，导致任何人都可以在商品上贴蓝猫的标签，如果公司对此实行加盟并且收费，而且指导加盟商设计和销售，将是一笔可观的收入。实际上，蓝猫的身边出现了很多利益相关者，只是公司没有管理好而已。

第七，疏于团队管理。蓝猫的团队缺乏销售经验，这也是致命的，导致企业无法实现持续暴利。

可见，商业模式作为一种纲领性思想，应当深入企业管理的方方面面，而不是在盲目模仿其他公司后，忘记了本身的优势和缺陷。其实，M立方商业模式中应具备的要素，蓝猫企业都已经具备，只是没有将其看成重点环节，进行深入研究，这反映出一些企业的误区：只在模式中体现了相关要素，而没有对此进行重点分类和针对性管理，这就有可能导致不良结果的发生。

那么，企业应当如何做，才算是重新定义M立方商业模式呢？

首先，在建立模式的时候，不仅要考虑到所有因素，还要对它们进行分类和规划，这是对下一步具体工作的指导。说到商业模式，大家几乎耳熟能详了，因为其中的要素并不复杂，可这并不代表企业只要将要素全部放进去就可以了。如“相关利益者”，“蓝猫”从诞生到销售，身边出现了很多利益相关者,但公司并没有将其看成“很重要的人”,不仅让设计师“出走”，还让市场出现了乱贴牌的情况，这些都会影响企业的效益和声誉。

建立M立方商业模式并不简单，需要管理者深刻认识每一种要素的组成和“来龙去脉”，在建立模式前，对其中的要素进行分类和整理，将关键要素提炼出来，再进行设计，这样，才能将其放在正确的位置，以便进行具体工作的时候“使用”。

其次，不是建立了商业模式就等于搞定了一切，优秀的商业模式应当是灵活的，不要因为疏于平时的管理工作，而令企业陷入困境。有时候，并不是商业模式本身令业绩出现下滑，而是在这种商业模式下，没有配套的管理模式做支撑，才令企业出现窘迫的现象。

商业模式的建立，是在正确定位企业的情况下完成的，只要企业能充分认识自己，就可以建立起商业模式。值得一提的是，为了完善日常企业管理，根据指定的模式，再规划每天的具体工作，就显得非常有必要了。

可见，M 立方商业模式也会存在弊端，所以要求企业在建立模式的时候，多考虑相关要素，只有那些被放在模式中的要素被充分利用起来，才能保证资源的高效性，不过，建立商业模式是通往成功的手段之一，需要企业用正确的眼光看待，这也是让企业保持冷静的好办法。

Part 2

成功商业模式设计五步法

第五章　模式创新，做规则的制定者而不是追随者

商业模式创新与成功原型分类

商业模式已经在市场上活跃了很多年，并且让不少企业受益，可是随着市场情况的不断发展变化，模式的创新成为令很多企业头疼的问题。近年来，不少企业开始计划要建立创新格局，特别是当行业处于非常时期，面对全球经济衰退的现状，建立起另一种模式显得格外重要，这并不是一件很容易办到的事情，需要管理者有魄力，并且充分认清当前形势，在理解行业环境的基础上，对商业模式的格局进行调整，从而实现持续盈利。

直白地说，商业模式就是为了给企业带来更多经济效益，同时为利益相关者创造更多价值和财富。这种“共赢”的模式，在相当长一段时间内会变成稳定而有效的商业模式，可是并不代表其中的要素不会发生变化，一旦发生变化就需要新型商业模式取代旧版，这时新型商业模式成为引领企业发展的新生力量。

如苹果公司推出的ipod和在线商店，就打破了原有格局，形成新的商业模式，让在线音乐市场成为主力军。SKYPE凭借“点对点”技术，让用户在价格低廉的情况下，获得比较优质的交流体验，并且实现客户端之间免费通话。Zipcar公司创立了会员制度，用户可以自由选择是按小时计费还是按天计费，改变了他们“没有车用”的状况……

在创新商业模式中，获得暴利的企业有很多，不论是哪个行业，只要抓住了当下客户的需求，甚至早客户一步创造出供他们使用的产品和服务，就能将其牢牢把握住，从而令企业获得收益。

那么，如何对商业模式进行创新呢？有三种方法：第一，向成功商业模式学习并进行嫁接；第二，根据不同客户的价值需求进行创新；第三，当你向“成功原型”学习后，再进行灵感创造和客户价值的持续改进，最终可以获得自己独有的商业模式。

说到商业模式的分类，我不由得想起 200 多年前，生物学就是对极其丰富的物种进行了分类，从而开启了一个新的时代。

商业模式的分类与生物学上的很相似，经过长时间研究成功企业的案例，发现它们产生的背景不同，表现形式也不同，但是最终目的却一致，都是为了维持企业的盈利。

鉴于此，将商业模式分成简单逻辑、复杂逻辑、心智占位、广义原产地和其他类型五种。针对不同类型的商业模式，分析一些成功案例，研究它们是靠什么样的核心资源获得成功的。

第一类：简单逻辑类

客户解决方案模型：通用电气，USAA，Nordstrom，ABB，Nalco，惠普；

卖座“大片”模型：默克，迪斯尼，全国广播公司；

专业化利润模型：ABB，EDS，Wallace；

独特产品模型：Hercules，默克，3M，大湖化学，五粮液；

大额交易模型：摩根士丹利，GE 医疗，中铁二局；

新产品利润模型：康柏；

低成本设计模型：西南航空，戴尔，富士康；

互联网销售模型：当当，淘宝，聚划算。

这种商业模式像生物学中的“单细胞生物”，并没有复杂的结构。

第二类：复杂逻辑类

说到这一类企业，不由得想起生物学上的“多细胞物种”它们还可分成以下具体模型：

多种成分系统模型：可口可乐，Mirage Resorts；

集后利润模型：通用电气，软件库（Kingston）；

速度模型：英特尔，SOHO 中国，索尼；

高价值产品电话直销模型：杰出华商协会，天津黄金之星贵金属公司；

产品金字塔模型：SMH（斯沃琪），马特尔玩具；

地区领先模型：沃尔玛特百货商场，红旗超市，Starbucks，漓泉啤酒；

利润乘数模型：迪斯尼，Virgin；

价值链定位模型：英特尔，大片音像，Republic Industries 公司；

基础产品模型：微软，奥的斯，吉列，通用电气；

行业标准模型：微软，Oracle，支付宝；

配电盘模型：施瓦布，USAA，Auto-by-Tel，明星艺人经纪公司，拉卡拉；

免费带动垄断收益模型：QQ，360，杭州西湖，携程；

聚合需求服务模型：超级女声，丽江古镇，19 楼生活网络平台；

传媒双向客户马太效应模型：成都商报，第一财经杂志，CCTV；

城市综合体模型：万达广场，成都会展中心，华侨城；

高新技术创新服务化模型：伽马星，美宝仙人堂。

第三类：心智占位类

说到心智占位型商业模式，很多人表示不理解，因为这个词比较陌生，其实，这种类别的确立，是市场营销在发展了很多年之后的成果，通常分为以下几个类别：

心智占位商标模型：王老吉，乌江涪陵榨菜，苹果公司，香飘飘奶茶，中国移动；

品牌模型：可口可乐，耐克，康师傅；

相对市场份额模型：宝洁，茅台，淘宝，中国移动；

加盟店铺模型：麦当劳，小肥羊火锅，蜀九香火锅，二十一世纪房地产，周大福珠宝；

“非物质需要”创新满足类型：胡润排行榜，新浪微博，百度搜索，去哪儿网站，QQ，即时通讯；

食用农产品安全服务认证模型：绿色食品，有机食品。

第四类：广义原产地类

广义原产地和商圈类企业比较特殊，更需要受到法律保护。

商圈开发类型：麦当劳，万达广场；

原产地产品模型：五粮液，郫县豆瓣，阳澄湖大闸蟹，新西兰猕猴；

零售卖场模型：国美电器，家乐福，红星美凯龙；

矿产资源模型：中国石油，攀枝花钢铁；

旅游地产模型：江苏周庄，成都保利石象湖；

商铺地产模型：成都春熙路，成都荷花池市场。

第五类：其他类型

值得一提的是，由于商业模式到来的时间还不够长，处于起步阶段，从起初到现在，商业模式的发展也经历了很多变迁，将来肯定还会有很大发展，目前的分类和整理，只适用于当下的市场环境，而这些分类也表现得非常粗糙。

将其他类型商业模式大致分成以下几种类型，并注明了这些类型的代表企业：

地产权利创新占有模型：成都青羊区总部经济，海尔地产；

错位商标申请品牌控制模型：竹叶青，金华火腿；

传销综合服务模型：安利；

创业家模型：热电子公司，ABB，3M；

保险集团复合模型：伯克希尔·哈撒韦公司，平安保险公司；

无形资产兼并有形资产模型：新希望饮料。

全球已经形成商业模式的企业很多，不乏一些我们还没有进行仔细分类的商业模式，随着市场发展脚步的不断加快，相信会有越来越多的分类。

其实，商业模式的分类，就是企业对模式的理解，并且结合企业的背景资料，形成的管理方式和经营理念，从这个角度说，分类越细致，越能够体现出商业模式的进步，这需要管理者在日常工作中不断摸索，最终形成经验。

商业模式有好坏之分吗

我国进行改革开放30年以来，经过无数次改革和创新，总结出的经验和教训，促使着整体经济的飞速发展，而在此市场竞争尤其激烈的大环境下，一个全新的商业模式或者说一种全新的管理方式，往往可以决定一家企业或一个集体的成败；在这种大的背景下，目前国内多数大型集团公司，通过不断地创新和实践，来论证一个好的商业模式和一个比较落后的商业模式的区别。

商业模式不存在好坏之分，只要有利于企业创造更多财富，就是适合它的商业模式。当然，还有一种被称为超级商业模式的东西，能够在一定时期内，让同行业甚至跨行业的公司获得持续暴利。

从一个投资者角度来看，经营一家公司，其主要的目的是什么，该公司成立的理由是什么，如何维持这家公司持续发展？作为投资方，成立一家公司，其主要原因就是该公司经营的项目具有创造利润的空间。随着市场经济的不断完善，市场产品同质化的竞争越来越普遍，在这样的背景下，企业管理转型及高新技术的研发是关键，从而通过建立一个好的商业模式决定一个公司的未来和方向。

什么叫好的商业模式，一个好的商业模式是如何产生的，好的商业模式能给公司带来什么？首先，一个好的商业模式，用业内人士的解释为：一个企业采取一种较为特殊的经营策略，能给公司、企业带来效益最大化，具有特殊性、及时性、不可模仿性的就是一个好的经营模式 。其次，一个好的商业模式是如何产生的呢？可以这样说，一家公司的发展壮大离不开它的经营策略，与它本行业中的竞争形势息息相关，一个好的商业模式的诞生，是通过在市场中不断地接受挑战长期形成的，而各企业也是为了能够更好地生存，从而研发创新的经营理念、管理框架、销售策略、竞争手段、战略目标、销售服务、人员管理等组合。因此，一个好的商业模式的诞生，是需要不断地认证和检验的。

举个例子，目前苹果公司无论是在国内还是国际上都占据着极为有利的市场领先地位。截至2011年，该公司在全球电脑、手机市场占有率为8%左右。众所周知，苹果公司前期主要以生产电子科技产品为主，其研发推出的产品均在市场中取得了较好的市场效应。2007年，苹果公司正式研发推出了iPhone手机，并在之后的几年进行了若干次的相关技术更新。在国内诺基亚、摩托罗拉、三星等手机竞争激烈的环境中，苹果手机独树一帜，也为该公司创造了极大的经济效益。2008年1月15日，苹果公司推出MacBook Air笔记本电脑，本款电脑是当今世界上最薄也是最轻便的电脑，同时它也获得了广大消费者的喜爱。而后该公司不断推出行业新产品，使得该公司在行业中处于领先地位。

从这个例子中我们可以看出以下两点：

首先，纵观苹果公司的发展历程，该公司就是通过不断地研发和创新，在竞争激烈的环境中领先于行业内其他的竞争对手。其战略思想很明确，市场布点全面，利用技术领先的优势，逐步发展，形成一个好的经营方式和商业模式，其公司理念“不完美才能促使进步和完美”，就可以很好地解释这一切。

其次，从该公司产品组合的商业模式来看，最重要的是该公司的软件和硬件能够完美的结合。苹果公司不同于其他单一生产工厂，具有其特殊的组合模式，也是该公司成功的秘诀之一；其旗下的软件公司和硬件公司，采取与市场消费者贴近的方法，经过严密的市场调研和分析，不断地强化产品质量和销售服务工作，其取得的成功也是具有特殊性和不可模仿性的。

综上所述，一个好的商业模式可以为企业创造出一个个奇迹，而取得成功的背后需要的是一个完善、成熟的商业模式作为支撑。对一家公司而言，在市场竞争激烈的今天，如何能进一步拓展经营空间，如何能确保在市场竞争中立于不败之地，不被市场淘汰，这需要从现实中不断地吸取教训和总结经验。一个好的经营模式必将引发出好的经营理念，从而形成一个好的经营组合拳。

机遇与竞争时代只有适者生存

这是一个弱肉强食的时代，不论是森林里的动物，还是战场上的比拼，或是商场上的竞争，无一不体现“竞争”二字。只有把握住机会的企业，才有可能在市场中占有一席之地，市场不会因某个企业而变得柔和或是残忍，只有你去适应市场，这便是“适者生存”的道理。

建立商业模式是为了适应不断变化的市场环境，并且形成强有力的保护屏障，让企业在相对稳定的环境下发展，在商战中不断积累经验和完善商业模式，才会让企业发展得越来越好。

有人说：某某取得今天的成就完全是因为运气好。其实好运会伴随每一个企业，只不过有准备的人更容易抓住机遇，如果企业长期保持科学的管理方法，并且有完善的业务系统，就能保持盈利状态，当机会来临时，从管理者到员工都可以说：“我已经准备好了。”

看一段案例：

A 公司于 2005 年成立，起初规模并不大，全公司只有 50 名员工，但是在不到三年的时间里，就成长为所在区域最具有竞争力的企业，公司规模也大幅增加。公司创立初期，管理层就制定了一系列严格的规章制度，要求员工一定要按照流程做事，任何岗位都不能出现马虎。此外，公司还很重视员工培训，尽管当时经费有限，管理层还是定期组织员工培训，使得他们的整体素质有所提高。

一次，外商来A公司考察，看到员工都在井井有条地工作，车间、厂房也非常干净整洁，对该企业很满意，便开始与负责人讨论合作事宜。A公司的技术组成员，能够做出成本相对较低的产品，这是他们的优势，而这家外资企业不仅有一流的设计团队，还有较为畅通的销售渠道，这正是A公司所缺乏的。谈判进行到关键时刻，A公司提出要求，在保证质量的前提下，双方的合作要一手交钱，一手交货。

凭借优秀的生产外包能力，对方答应了A公司的要求，并且很快签约。周期较短的资金解决了A公司的流动资金问题，有了钱，A公司就能扩大生产和培训更多有专业技术的员工，所以其能够很快发展。

可见，当企业已经做好准备、迎接各种挑战的时候，机会也就悄悄降临在身边了，如同案例中的A企业，如果不是因为日常管理严格，尤其是在困难时期还能够完善员工培训机制，对方公司也不会马上提出合作请求。当你具备一定优势，在谈判中就可以提出要求，从而让企业处于良性循环中。

那么，企业应当如何做才能在不断积累经验后，更容易抓住机会呢?

企业一开始就应当建立商业模式，并且让其与公司一并成长。很多管理者认为，“模式”是企业做大做强后的产物，这个想法存在很大误区。第一，商业模式的建立，并不是一下子就能实现的，需要一定过程，最好的办法便是尽早形成优秀模式，一边积累经验，一般完善模式，当企业发展到一定程度的时候，商业模式就会起到更大作用。第二，商业模式并不是万能的，既然是人建立起来的，就会存在缺陷和误区，要根据不断变化的外界情况，对其进行调整。

怎么样才算做好了准备？首先，对企业来说，清楚地认识行业环境很重要。根据企业的具体情况，找到适合的商业模式，这个过程本身就能提高企业的市场竞争力。企业第一次面对障碍的时候，牢记了其中的规律，就会避免同样的事情发生，这样，管理者才有精力去处理其他工作。其次，抓住机会的同时要为下一次“出击”做准备。案例中，A 公司深知企业缺乏资金，所以在同客户谈判的时候，用自己的优势作为交换条件，得到企业最需要的东西，这就为企业进一步发展做好了准备。

建立商业模式，就要时时刻刻将企业利益放在首位，做第一件事情的时候，要想到后面的工作，这便是商业模式存在的意义。管理者需要具备全局观，每做一件事情前，都要看看是否对结果有好处。

机会永远留给有准备的人。对于企业也是如此，没有十足把握，谁也不敢肯定自己能够抓住机会，机遇一旦落到你手上，就要好好把握，每一次任务对企业来说都是挑战，也是积累经验的过程。优秀的商业模式，能够让企业处于良性循环，并且获得越来越多的利润，从这个角度说，企业除了要建立科学完善的商业模式，还需要在不断积累经验的过程中，“修缮”其中的细节，争取做到把握机会，令企业更有竞争力。

打破固有模式，破旧才能立新

不少企业存在误区，认为商业模式一旦建立，就是一成不变的，当市场环境和客户心理不断发生变化的时候，原来的模式可能已经不适用了，必须在重新定位的基础上，对其中的细节进行调整，或是用创新的方法，打破之前的规则，让商品或是服务更能迎合消费者，从而令企业保持暴利状态。

如今，越来越多的创新型企业出现在市场中，它们的管理方式和盈利模式都会出现改变，这时候，很多问题就出现了：是先盈利还是保增长？股东们当然希望是前者，而后者却更容易促进企业的发展，这就让企业陷入了两难。可以通过观察财务、销售、市场调研报告分析得出企业应当如何做。首先，科学的商业模式都会有引爆点。通俗地讲，就是在没达到这个点的时候，业绩只会缓慢增长，一旦超越引爆点，业绩就会大幅度增长，而企业要做的，便是找到这个引爆点，并且及时做出正确的决策。其次，商业模式应当帮助企业在良性循环下运营。很多企业在获得小额盈利之后出现了犹豫，是进行利润分配还是投入企业？某位经济学家说："任何竞争性的技术，如果能够存在报酬递增和自我强化机制，就可以锁定用户，实现垄断性的超额利润。"所以说，优秀的商业模式都应当具备回报率递增的特点，如企业不断推出衍生产品或是提升服务质量，让消费者更加青睐你的品牌，从而吸引更多客户。

当然，商业模式也决定了企业的盈亏平衡点。一家有明确战略目标的企业，它的"利润方程式"会围绕商业模式展开，形成有效的管理综合体，不论外界出现什么变化，企业内部都保持相对稳定。

还有，如何筹集资本，也成为当下企业头疼的问题。2008 年金融危机前，商家的投资心理相对放松，一旦觉得时机成熟就会下手。如今，大家都将钱袋看紧了，对于投资更加谨慎，所以要运用科学的方法，分析出哪一种投资更能让企业获利。过去的交易是企业与客户之间处于"单线联系”，这种模式已经不能适应当下发展趋势，所以衍生出新的类型，当企业多去发现身边的“利益相关者”，就可以利用各方优势，巧妙地避开各方劣势，将“共赢”概念深入到公司营运中，这也是降低风险的好办法。

其实，无论保盈利还是保增长，都间接地反映了企业在构建商业模式时，有没有从全局的角度看待问题。公司定位、企业核心资源、创建完善的业务系统和保护措施，都要在一段时间后被审视，观察是否有需要改进的地方，甚至很多企业在修正了商业模式后，企业盈利状况发生很大变化。

英国飞马旅行社是一家用自有船只将旅客送往爱琴海度假的公司，从20世纪50年代到20世纪末，一直保持较高的市场份额，但之后还是被两个竞争对手蚕食：一家价格更低的意大利公司和另一家产品更好的希腊公司，飞马的运营陷入低迷状态。

为了重整旗鼓，飞马公司开始重新设计商业模式：第一，将目标投向那些想来希腊群岛的游客；第二，将之前的大船全部卖掉，抽出一部分资金建立餐饮系统，用剩下的钱买来更划算、更现代的小船，并且引入水上娱乐项目；第三，雇用有经验的导游，为游客讲解景点历史和风光。运用这样的方法，飞马公司在两年后再次实现盈利，也证明了这个商业模式的成功。

可见，随着市场环境的不断变化和竞争对手的不断出现，企业应当有“居安思危”的态度，保持对市场的敏锐“嗅觉”，如果死守着一成不变的商业模式，最终只会将企业推向深渊。

现在是谁，未来要成为谁

“定位”成为当下流行词，社会和企业都在不断进步，只有认清楚自己所处的位置，才能寻求更好的发展，才能在不远的将来，成为你所想的样子。“现在是谁”和“未来要成为谁”是企业必须考虑的问题，前者是在定位自己，后者是在确立目标，这两个要素都在商业模式中占有重要地位。

“定位”始终是企业战略命题中最核心的部分，也是构建优秀商业模式的起点。进行定位必须先回答三个问题：公司的业务有哪些？目标客户群是谁？企业能提供什么样的服务和产品，是否能够令用户满意？

“定位”其实是进行信息筛选的过程，让管理者知道应当抓住什么和放弃什么，才能集中全部精力去处理主要问题。当一家企业能够清楚地界定谁是竞争对手、谁是消费者群体、谁是合作伙伴，并且了解自己应当拥有什么样的资源和优势，就容易在市场竞争中胜出。

此外，了解公司所处的行业也非常重要。对企业来说，了解自己有多少对手，对方的实力如何，自己在其中的排名情况及周围环境的变迁和发展，都非常重要。

说到目标客户群，企业不妨先进行调研，通过了解市场需求，确定大致范围。值得一提的是，想要公司多赚钱，就得将目标放在那些有支付能力的客户身上。接下来，还要对客户进行分类，这样才能进行更有针对性的服务。如全球通设有普通用户和VIP用户，银行开设了普通银联卡和金卡、白金卡等，这么做都是为了增加用户的体验感和舒适度。

至于第三个问题，首先在设计产品和服务前，一定要了解用户的需求，至少令产品能够受欢迎，虽然无法满足所有人的想法，不妨设立“意见反馈平台”，让用户在体验后告诉你还有什么是企业没达到的，这个互动的过程更加容易拉近企业和用户的距离，令对方感到该企业在不断地进步。

为了避免相关风险的产生，企业可以提供多产品和服务多样化，并且设计和生产衍生产品或是替代产品，目的是为了激发用户的兴趣，这是提升对方购买欲望的第一步。

清楚了自己的定位后，企业还需要有明确的目标，也就是之前说的“未来你想成为谁？”拥有远大目标是好事，但一定要切实可行，好高骛远只会令制定的商业模式与现实相差甚远，变得完全没有可行性。可以将目标分成若干段，如企业的长期目标是成为该行业中的佼佼者，甚至跻身全国百强，这是十年内的事情；近五年企业需要做什么，近两年企业要完成哪些工作？今年的目标任务是多少？然后再分配到每个季度、每个月、每周、每日，这样一来，大家就不会觉得目标遥不可及了。

目标和商业模式之间有很重要的关系，前者是后者的方向标，后者是前者的保证。如果企业连目标都没有，还怎么形成优秀的商业模式呢？就像没有方向的船，永远无法到达胜利的彼岸。

老王五年前成立了自己的汽车零部件公司，起初，全公司上下只有三十几个人，而就是这个规模很小的“作坊”，却在五年内，成为全市最好的企业之一。由于自己是相关专业出身，并且做了很多年的工程师，老王在这方面有相当丰富的经验，他告诉员工：“除了质量和服务，当下我们再没有其他优势，但只要我们好好把握，如今的优势就会变成实现目标的砝码。”

正是因为认清了企业所处的位置，老王才更加重视目前拥有的优势，经过不断努力，企业终于赢得了客户的信赖，逐渐发展为有市场竞争力的公司。

可见，当企业了解了自身定位后，就知道哪些地方还需要调整和提高，并且能够了解自身优势和劣势，巧妙地利用商业模式，将优势扩大，并且寻找弥补劣势的方法，当企业能够准确定位自己，并且拥有目标的时候，商业模式便更加具有实际意义。

发现商机，激活未知的能量

很多人说，现在做生意难，即便是有资金却不知道要怎么去投资，如何利用好手中的资金给自己创造更好的渠道。其实这个社会是公平的，每个人都有自己不同的机遇，只是我们没有抓住而已，我们身边有很多人都说，“唉！如果当时我能怎么样，现在也不会这样！”不是有这么一句话吗，机会总是留给有准备的人的，而在现代社会市场经济快速发展的背景下，市场同质化竞争成为一个社会共识，而我们接下来要谈的就是，无论你在做什么，如何更好地发现商机，激活身边一切有利的机会，都将是人生或者企业转折的关键点。

什么是“商机”，能够发现一个适合的商机会给我们带来什么？简单地说，商机就是在特定的时间、地点，能够产生利润和效益的机会，它需要我们用独特的眼光发现和参与。商机的出现，是某个人发现了这个产生效益的机会，从而进行一种在市场中的“交易”，而这种交易往往会给投资者带来一定的收益。

商机的特性

商机的出现有非偶然性、特殊性、时间性、引发性。商机的出现，并非是偶然出现的，每个新事物从产生到发展都需要一定周期；其存在一定的特殊性，表现为较为独特，不易发现；它也具有一定的时间性，是指在某个时间段的一个契机；它的出现并非只是以单体形势出现的，往往是连带的，一个商机的出现，会带动很多商机的出现。

商机的产生和出现

商机的出现，并不是偶然，如果时间可以倒流的话，我们可以发现，我们的身边随处有商机。20 年前，“下海”这个词可以说是当时的一个潮流，那就是一部分人发现了商机，放弃自己当前的岗位或者职业，通过发现的机会，去投入自己更多的精力和时间，从而获取利润。

给我们带来什么

一个好的商机能给我们带来什么？一个成功的企业家，都有自己的特质，即具有敏锐的投资眼光。

在这里要和大家说明一个误区，发现商机不是“中彩票”，不是因为具有超好的运气，也不是人们经常说的：“某某人运气真好、某某人社会关系好”。其实我们应该看到的是这个人在这次机会中是如何把握的，是如何利用好身边一切有利的因素，来为自己创造好的投资环境，从而实现自己想要达到的目的。

看一个案例：

2007 年，安徽一个普通的乡镇，经济相对落后，虽然该地资源较为丰富，有山有水，但旅游业一直没有起色。它与周边几个一线城市临近，村民却依然贫穷。2007年江苏投资者陈某经过实地调研了解到，该镇四面环山，山中有一片天然湖水，犹如桃花源。陈某积极与当地相关单位及其他开发公司联系，决定共同开发本项目。而后陈某成为当地旅游业的开发者，并得到当地政府的支持，短短3年时间，建立了苏浙皖最大的农家乐与现代旅游的集团公司。这不但为当地解决了剩余劳动力，也为其他行业，如运输、建材、服务业创造了无数商机。

从上述案例中可以看出：

首先，商机的发现需要对其产生的地点、时间进行认真调研，通过大量的准备工作，利用身边一切可以利用的社会关系及合作伙伴，为项目的投资创造好的环境。

其次，当力不能及的时候，善于发现可利用的合作伙伴。当你发现一个商机的时候，往往因为资金、社会关系、渠道而无法实施，这个时候最重要的是发现身边志同道合的合作伙伴。

最后，认真把握好每一次商业机遇，这是成功的关键。只有身临其境，通过不断努力才能实现你想要的，天上不会掉馅饼，所以商机的出现不是上天给予的，而是自己发现的。

M立方商道逻辑：制定规则，创造价值

市场中，谁是规则的制定者，谁就能够掌握更多主动权。那些“说一不二”的企业，更加容易形成品牌，久而久之，影响力会变得更大，这是

持续创造财富的前提。M 立方商业模式的核心，就是要寻找利益相关者，在这条关系链上，谁能够统领全局，率先制定规则，谁就能主宰现金流的方向。

如果永远在别人制定的“游戏规则”中，你再努力也是为别人挣钱，自己只能分得很小一部分，如果在 M 立方商业模式的推动下，自己制定“游戏规则”，这个商业王国就是你的，来这里的人，都得听你的。

所谓的利益相关者，都有可能到这王国里来，不是说他们进来了就不会离开，因为“忠诚度”是和你制定的游戏规则息息相关的，一旦他们找到更适合自己的去处，就会非常果断地离开你，所以，让 M 立方商业模式更完善，你制定的游戏规则就越容易受到客户的青睐，这才是开启双赢局面的最好方法。

那么，**企业应当如何做，才能令自己制定的规则有影响力呢？**

首先，**“游戏规则”的制定，应当让相关利益者的资产增值。**对客户来说，市面上有那么多商业平台，对方为什么一定要选择你？理由很简单，你能给他们带来持续高额利润。可见，商业平台对于“相关利益者”来说非常重要，再加上销售人员的技巧，公司业绩就会不断提高。

企业想要维持暴利，必须好好“教育”客户，让他们认为使用你的产品或是享受你的服务，自己被增值了，这样一来，你的品牌就会变成客户心中“必不可少”的东西。反之，如果你硬是将产品放到客户手中，他们就会有被强迫感，所以，不断让客户感觉到被“增值”才是最好的商业平台，这个游戏的规则全都靠你制定。

其次，**优秀的商业模式，助推“游戏规则”的制定。**想要打造令客户和企业都实现资本增值的平台，必须利用有效的商业模式。比如，为了打造一支强有力的水上作战部队，就得先有船，然后训练士兵，还要关注后勤补给。从商业的角度说，建立商业模式就是打造船只，管理模式就是训练士兵，而融资投资更像是后勤补给。其中第一项算是硬件设施，在战争中，航空母舰的威力肯定远远超过小船，商战中，拥有科学商业模式的企业，肯定比其他公司更具备竞争力。

在建立“模式”的时候，企业一定要将主动权把握在手中，制定任何一项规则前，都需要想清楚，能给客户带去多少利益？能给企业带来什么收益？当你找到两者之间的平衡点，企业就会不断产生暴利。优秀的商业模式，是以客户利益为起点设计的，最终给企业带来经济利益的增长。

设计的“游戏规则”是为了让客户感觉方便和舒适，当他们拥有良好体验的时候，就会舍不得离开你设计的“游戏”，这样一来，企业就能够保持持续暴利，简单地说，用户被你设计的“游戏”吸引住了，不愿意离开，你就拥有了主动权，钱就会流向你这一边。

在M立方商业模式中，管理者应当尊重相关利益者的想法和习惯，从他们的角度出发，设计出能给他们带来资本增值的“游戏规则”，这是吸引用户的亮点，只有让对方尝到甜头，他们才会愿意掏钱继续使用你的品牌。

第六章　战略定位，发现更有价值的利润池

借鉴，不是生搬硬套，而是取长补短

一些企业在创立初期，都会借鉴其他公司的理念或是管理方法，对于那些毫无经验的企业来说，这是“成长”过程中必不可少的阶段。借鉴并不等于“生搬硬套”，而是通过巧妙的方式，选取其中适合自己的优势资源，同时放弃不需要的因素，只有取长补短，才能高效地利用资源，而这些都将成为企业持续盈利的砝码。

随着很多品牌的深入人心，不少人开始研究“海底捞模式”、“微信模式”、“阿里巴巴模式”等，正因为这些企业利用有效的商业模式获得了成功，所以被称为典范，特别是那些还没有固定“模式”的企业，他们更希望通过借鉴其他公司的成功经验来建立起商业王国。

借鉴，并不代表“抄袭”。由于每个企业所处的行业和市场环境不同，所以不能用统一的方法，以免出现相反效果，此外，其他公司使用的商业模式可能只在一段时间内有效，等到你运用这种方法，或许客户的口味又变了。

所谓借鉴，是要学习其中的方法，而不是把模式整体搬到自己的公司来。作为管理者，需要将科学的理念传递给下属，同样是设计合理的盈利模式，沃尔玛和麦当劳的商业模式就存在很大差异。

一提起快餐，大家都会想到必胜客、星巴克、肯德基、麦当劳等，因

为这些品牌太深入人心了，所以能够在长时间里保持暴利。有一家叫达美乐的餐厅，开立的时间并没有很长，却也获得了巨额收益，这便要归功于它特殊的营销方式。

达美乐是做比萨饼的，必胜客在国外并不提供外卖服务，由此想到做“外卖比萨”的想法，这也是借鉴了星巴克和肯德基中国公司的有效经验。如果换了其他人，可能会在对自己的创意一阵兴奋之后，马上投入运营，但是达美乐却十分冷静，不断地分析其他公司经验，为的是能够找到适合自己的办法。

首先，达美乐想到自己做的是比萨，这就是核心资源，如果比萨不好吃，是难以吸引客户的，于是请来擅长做比萨的大师，为的是产品能够以最好的风味呈现在消费者面前。

其次，既然是外卖比萨，就需要配上外卖车，还有相关工作人员，经过计算，达美乐发现外卖的成本居然比在实体店吃饭还要便宜，这项业务就此展开了。

一时间，达美乐被台湾地区的民众誉为“全台最快外卖比萨”，短短几个字，却蕴含了丰富的内容，第一，到这里买比萨很快；第二，这里的比萨可以外卖；第三，这里是卖比萨的。

显然，这个品牌吸引了很多“粉丝”，其中大多是年轻的上班族，和之前的定位基本一致，购买的人多了，销售业绩自然不断上升。

可见，借鉴其他企业的优秀经验，能够让本公司少走很多弯路，越是能灵活运用经验，越容易形成属于自己的商业模式。

在设计商业模式的时候，如果眼前没有模板，凭空想一个月都不会有头绪，这时应该看看相关企业的成功经验，并且分析对方能够成功的原因，同时，要找出本公司与它们之间的差异，这是非常关键的，它涉及相关方案能否直接运用于本企业，如果不能，其中还需要做出哪些修改？

实际上，借鉴的过程也是在积累经验，通过对比，企业更容易发现自身优势和缺陷，从而形成有针对性的方案。那么，在借鉴其他公司经验的时候，企业还需要注意些什么呢？

首先，将企业与之对比的时候，要用公平的态度，进行横向和纵向的比较。在借鉴其他公司经验之前，应先了解清楚你们之间的差异，不然无法取长补短。如在核心资源方面，自己的公司是否具备，如果你也有核心资源，同对方相比，还有哪些地方需要修正？即便同样是核心资源或是业务系统，也会有天壤之别的地方，如果硬是将那些“成功经验”放在自己的公司里，反而会令业绩下降。所以，此时的对比一定要体现公平，只有用客观的眼光面对，才能有科学的结果。

其次，在“借鉴”的过程中，会发现很多不完善的地方需要进行修改，从而让管理更适合本企业。

即便是非常优秀的企业，他们的商业模式中也存在很多缺陷，或是很多本企业不适用的地方，要及时找出来，然后调整其中细节，直到适合本企业为止。

定位同质化吓跑利润

为企业正确的定位，是建立优秀商业模式的第一步。定位并不是简单地认为只要了解企业所处行业和内部情况就可以了，如果这么草率的就给企业定位，很可能是“没有特色”的企业，这样会导致企业远离持续暴利。可见定位同质化会带来非常严重的后果。

如今，市场上出现了很多创意餐厅、创意写真、创意精品店等，它们将新颖的商品呈现在消费者面前，同时采用独特的营销方式，让消费者在轻松愉快的氛围中，拥有不一样的体验。这些品牌受到了大众的欢迎，其原因要归功于企业定位。一些企业很疑惑，自己的产品明明具备精良的质量，服务也很好，为什么无法吸引消费者呢？因为没有给企业一个有特色的定位，同质化令品牌变得很平庸。

定位，就是要在找准自身位置的同时，打造一支有特色的团队。如今生活水平提高了，大众文化也越来越多元化，没有特色的企业只会被埋没在商海中。

关于定位，有个很形象的动画：A 城市中的某个区域，甲开了一个加油站，随后，乙和丙也开了加油站……一年后，只有甲还勉强维持着，其他两家早已关门歇业。

B 城市中的某个区域，甲开了一个加油站，接着，乙开了一个超市，丙开了一家餐厅……一年后，三家店的生意都非常红火。

很多人看到某个品牌获得了盈利，便也想着通过销售该产品赚钱，别人已经做了很多年，口碑和客户群已经被发展起来了，而你的公司刚刚起步，如果没有具备特色的定位，很容易被淘汰。

街边上经常看小店开业，营销方式大多通过“开业酬宾”等优惠活动，起初吸引了不少顾客，但这不是长久之计，首先，店铺不可能一直以低价销售；其次，当消费者觉得商品没有特色的时候，也不会再来买，这两个因素都会导致企业利润流失。

过去的几年中，如家经常被大众提及。这个在短时间内就获得高额利润，并且迅速扩张的企业，引起了不少人的关注，并引发了大家对“如家现象”的研究。经过调查了解，发现如家有着非常准确而有特色的定位。

第一，在如家建立前，中国的酒店是这样的情况：高档的酒店干净卫生，但不经济；快捷酒店方便便宜，但不卫生。这就导致了消费者产生心理落差，如家看到了其中质量供给不足的缺陷，决定借鉴外国经济型酒店的经验，打造出全新的商业模式。

第二，目标锁定中低消费群体。之前的商务型酒店都把经常出差的高级商旅当成目标客户，他们经常出差，并且有较高的消费能力。可聪明的如家却看到了另一面：根据国家旅游局的统计，每年外出旅游的客人呈逐年上升趋势，其中很多人要住宿，所以经济型酒店就更有存在的必要了。此时，如家已经锁定了目标客户，再进行下一步工作就容易多了。

第三，既然已经锁定目标客户，就在关注客户核心需求的基础上进行产品定位。星级酒店可以提供全方位的服务，但很多不适用于中低消费人群，而某些青年旅馆又面临住宿条件恶劣的情况，如家想到，可以将不必要的设施免去，为用户打造温馨舒适的环境，这样一来，酒店和消费者的成本都降低了。

经过调查发现，客户最关心酒店的卫生，其次是床的问题，针对这样的市场需求，如家提出“二星级的价格、三星级的棉织品、四星级的床”的口号，着实吸引了不少消费者。

此外，考虑到要让客户有“宾至如归”的体验，如家在服务方面也非常优秀，并且将房间的墙壁都涂成温馨的颜色，还挂上有特色的装饰品，让客户保持良好的心情。

正因为如家在建立初期就有很好的定位，让后期建设更加具有针对性，这种颠覆性的做法不仅令客户眼前一亮，还将更多实惠带到他们身边，不一样的定位促进了如家酒店的利润增长，这就是其获得持续暴利的秘密。

那么，**想要避免定位同质化，企业还需要注意些什么呢？**

首先，研究当前市场现状，从而找到客户的需求点。商家在进行定位的时候，要以客户需求为基础，如家能够取得成功的重要因素，便是看准了客户需要什么，在这个基础上进行的细节规划，才显得有意义。

其次，企业要有创新意识，体现在产品和服务理念中，并且关注用户感受。如家酒店开创了中国的经济型酒店市场，这本身就是创新，同时注重客户的入住感受，所以在房间的布置和服务上，也下了一番功夫，没有出现其他酒店的问题，而是将客户需要的元素很好地融合在了一起。

可见，定位同质化对利润有极大伤害，要在建立商业模式的起点上把好关，令整个模式都变得新颖有效。起点是一切工作的开始，当企业选择了正确的道路，决定使用更合理的办法，才会令企业充满活力。

定位不能小看机会主义

如今，机会主义成为企业口中的“褒义词”，正因为机会是不可多得的，所以他们才会格外珍惜和想好好利用。在对企业进行定位的过程中，也是获得机遇的好时间，定位准确了，企业就会少走弯路。

不论公司处于什么阶段，都需要通过抓紧机会来寻求发展。自我定位是建立商业模式的起点，那么从此刻起，企业就要重视身边的“机遇”。

“有良好的开始，等于成功了一半。”这里说的“开始”，是要从企业定位说起，如果企业在起跑线上就输了，后面想要追上来就难了。

如今的市场比较开放，并且表现出多元化，企业是相对自由的，可以选择的路有很多，哪一条才是正确的，其中会蕴藏怎样的机会呢？这需要企业进行反复分析，最终定夺。

来看一个案例：

李总是A公司的负责人，经过十几年的努力，终于让公司成长为一家规模庞大的综合型企业，截至2010年年底，公司的年销售额达到十几个亿。2011年年初，李总决定扩大经营范围，做点什么好呢？他把目光瞄向“母婴用品”市场，想到公司也有涉足生活用品领域，他觉得企业完全有能力搞好这一块。

他是如何想到做母婴用品的呢？原来，他过年回到家乡的时候，听到大家说：“之后的几年都是好年份，尤其是2012年的龙属相，按照传统说法，这是60年难遇的丰收年，不少人家都选择在这一年生小孩。”

之后，李总进行了一番调查和分析，发现现实情况果真如此，于是产生了这样的想法。

凭借良好的技术支持和品牌口碑，李总在母婴用品领域取得了比较好的收益，随着技术的进步，设计出更多精良产品，公司的生意越来越好。

可见，在进行产品定位的时候，要充分了解市场环境和客户的心理状态，因为这些情况中可能就含有难得的机会，敏锐的企业会很快发现商机，并且早先一步推出产品，从而迎合了消费者的需求。

那么，企业需要注意些什么，才能将商业定位和机会主义联系得更加紧密？

首先，从“机会”的角度出发，看看你能为此做些什么？机会是无形的，需要企业有敏锐的洞察力。在听到别人议论年份的时候，李总想到了其中蕴藏的商机，并且主动把握住了机会。

有时候，机遇就在你面前，就看你如何对待。马上要下雨了，小店老板应当摆出雨具销售，夏天天气热，就要摆出冷饮贩卖……抓住机会说的是在现象或是事情还没有来临前，企业就已经做好准备。建立商业模式是为了随时把盈利点握在手里，这要求企业提前做好准备。

其次，有些“机会”的产生并不明显，可以从“蛛丝马迹”中嗅出盈利的味道。正因为不是每一次机会都能等着你，所以更需要企业做好充分准备。机会主义在很多人看来是投机取巧的办法，但确定能够令企业获利，正所谓“不管白猫黑猫，抓住老鼠的就是好猫”。从商业的角度看，能够充分抓住机会的企业，往往能获得更多效益。

洞察力反映企业对机会的敏感程度，几乎没有一项事务是等着你去赚钱，但可以从蛛丝马迹中寻找机会的踪影。如在电子商务兴起之前，企业并不知道市场反响会怎么样，但能够从客户对实体店的反映看出，消费者需要一种全新的购物方式，它要求便捷、时尚、全能、实惠、影响力大……优秀的企业会在客户连什么是“电子商务”都不知道的情况下，提出网上购物的方法。

所以，从定位开始，企业就要注意把握机会，即使此时商业模式还没被建立起来，但是你已经站在起跑线上了，如果还不做好准备，就有可能被其他公司比下去。

把握发展薄弱环节的脉搏

人不可能没有缺点，企业亦是如此，在建立商业模式的过程中，一定要关注薄弱环节，因为它们有可能会拖企业的后腿，就像用木桶盛水，决定水量的不是最高的那块木板，而是最低的那块。

世界上没有完美的人，当然也不会有十全十美的企业，即便是很知名的品牌，在管理上也会有缺陷。如人人网，它的创业理念非常好，在帮助用户找到昔日同学的时候，还让他们交到了更多朋友，不少公共平台通过它发布信息，渐渐地，当打开人人网主页后，版面有点乱，并不像起初那么干净明朗，浏览时的心情就不太好了。

所以说，任何企业在不同阶段，会出现各种问题，正所谓“劣势和优势并存”。建立商业模式是为了将企业的优势扩大,并且为劣势围上保护层,在进行产品定位的时候，要注重企业发展的薄弱环节，多在薄弱环节上下功夫，才能保证企业维持暴利。

优秀的商业模式，应当具备很广的范围，企业中的所有事物都要涉及，尤其是较为薄弱的环节，它们可能会成为企业发展的绊脚石，所以必须建立起完善的修正制度，使其不成为那块短板。

看一段案例：

B 企业是一家化妆品经销商，由于开业时间不长，并且没有形成完善的商业模式，效益一直平平，老板张总发现，原来公司一直没有招到业务娴熟的销售员，现有的工作人员对化妆品的成分、如何打理皮肤，都不甚了解，每当顾客问起相关问题，店员都一窍不通，这大大影响了公司的生意。张总想，门店不能等着招到了合适的销售员才开业，况且招收有经验的员工，薪水也要相应增加，既然如此，为什么不对现有的员工进行培训呢?

这个想法果然实用，经过半个月的培训与考核，员工对产品知识有了一定程度的了解，加之张总又开设了“沟通技巧”、“简单销售常识”、“简易财务知识”相关技能的传授，全体员工的素质都有所提高，渐渐地，门店销售业绩上去了，从老板到员工的精神状态也发生了较大变化，大家都非常积极地工作。

可见，当商业模式在顾及那块“短板”时，企业就会集中力量去改善薄弱环节，虽然它所占的比例不是很多，但却对结果产生较为重大的影响，案例中的B企业及时培训了不了解相关产品知识的员工，他们要每天面对客户，一旦丰富了相关知识，就会直接影响公司的效益。

那么，企业到底如何做，才能通过有效的商业定位，尽可能帮助企业弥补缺陷呢？

首先，薄弱环节存在于企业流程中，是商业模式中的一部分，不能被忽视。一些企业认为，既然是“拖后腿”的环节，干脆放弃它，如果这样做，会令整个商业模式无法连贯起来。

对于薄弱环节，企业不仅要将其放入商业模式中，如果有条件，还应建立“加强型管理方案”，这是对企业负责的态度。如某公司产品的质量存在一定问题，这个问题不仅不能被忽略，还要被列为重点管理细节，才能确保公司的业绩上升。

其次，对于企业的薄弱环节，进行有针对性的管理，争取在最短时间内改善当前情况。建立商业模式的目的，是让企业的运营处于良性循环中，如果其中存在薄弱环节，势必会影响整体，在建立商业模式的时候，要将短板“提炼”出来，看成重点管理对象，及时提出有效的解决方案。值得一提的是，进行有针对性管理的时候，不要忘记多看看其他部分，因为企业是个整体，不能只关注其中某个部分。

在进行产品定位的时候，一定要多关注企业发展中的薄弱环节。扩大优势项目能够令企业获得较好口碑，更容易形成品牌，但优势项目为企业带来的利润，只能被控制在某个点之下，企业想要获得持续暴利，还应改善薄弱环节，企业是个团队，其中的所有环节和要素都有重大意义。

让企业利润看涨的十大利润池

利润池是一个战略模型，旨在帮助管理者聚焦利润增长而不是营业收入增长。很多人在设计商业模式之前，都想通过某一种方式增加公司的营业收入，从而带动利润的增长。但很多人没有想到这种方法的危险性，因为让收入减少的方法可能有很多种，当过去的收入池如今变成枯池的时候，企业的危机就会接踵而至。为了避免这种情况的发生，管理者必须以高利润为切入点，从而形成一种新的战略。想要做到这些，必须先深入了解本行业利润池及它的真正形态。

目前，很多企业没有引进利润池概念，大家的目光都集中在如何提高营业收入和减少成本支出上，这是当下必须改变的观念。虽然在了解“利润池”的概念后，不少人认为这并不困难，但是它的结构却比想象复杂得多。

价值链中，某些细分市场中体现的“池水”要比其他细分市场深，导致这种情况发生的原因有很多种，如客户群体的差异、产品种类、区域市场情况或是分销渠道不一样而令“池水”深度大相径庭，同时，同一行业的利润聚集模式和收入模式不同，也会引起利润池的变化。

正因为企业利润和利润池有非常紧密的联系，所以要深入研究让企业利润看涨的利润池类型。

第一，打破传统的价值链管理思想，不要过分控制成本，以免影响企业的长期发展。以往的经验中，管理者会通过降低企业运营中各环节的成本来提高利润，这种观点是有局限性的，因为商家忽略了长期利益驱动下成本增加可能会带来某一方面价值的增加，而过分要求营业额增长，是很片面的，长此以往会造成“本末倒置”。实际上，企业有些投入会令它增值，虽然在短期内无法看到效果，但是会推动它的成长，并且不要过于强调营业额，应该多看看市场占有率。

第二，有效的资产重组是发现企业利润池的好办法。通过资产重组，企业能够获得 1+1 ＞ 2 的结果。关于在优势还是劣势项目上投入更多资金，很多人一直没有拿定主意。一般情况下，企业会在优势项目中投钱，这个做法有一定道理，却不能被看成决定行为，因为一旦“劣势”有所逆转，也是企业利润增长的又一大亮点。

第三，要在低利润行业中发现新利润点。不少企业属于低利润行业，如家电批发、家庭小作坊、小型文化传媒工作室等，这些微利企业想要发展，必须多开创新的盈利项目，当价值链上的因素多了，企业的利润自然会提高。

如王某开立了一家财务公司，主营业务是代理公司账目、税务、企业开立、年审和注销等，收入来源就是平时收取的代理费，年营业额在 30 万元左右。近期，他开设了“财务培训班”，为那些没有实践经验的新手会计培训岗位技能，同样收取培训费。企业的收入项目增加了，利润自然会增加。

第四，重新分析客户群体，必要时可以重新分类。不同细分市场会因为客户群的差别而导致利润池出现差异，在确立商业模式前，首先要分析客户群体的情况，企业的目标客户群分为哪几类，是否需要对其进行分类，等等。是否要细分的问题，关系到企业能否创造更多利益，其中包含很多对应关系，需要企业进行详细规划。

第五，产品和服务始终是企业吸引用户的核心资源，也是创造其他衍生产品和服务的基础。了解本公司的产品，是实现有效定位的前提，既然是核心资源，肯定在商业模式中占有很大比重，设计出优质产品才能增加企业的利润。

第六，根据不同区域市场情况，制定出不同的营销策略。企业通常会将营销范围划分成若干区域，由于各个地方的具体情况不同，企业必须制订出灵活的方案，将每个区域都看成一个“利润池”，再结合企业的整体规划，找到创造效益的突破口。

第七，分销渠道多元化催生企业利润的增长。企业之所以关心销售渠道，是因为它们直接与客户接触，并且这些渠道商也会打出自己的促销方式，这些都有利于企业产生利润。可以建立多渠道，拓宽更广的市场，让更多消费者了解该品牌。所以说，多元化分销渠道会成为企业利润增长的重要支撑点。

第八，将传统项目转化成能够带来更多利润的新型项目。随着市场的变迁，很多传统项目渐渐失去优势，利润池中的“水”就会减少，如果能够找到成功翻新的方法，就会令客户重新“爱上”它，利润池中的“水”也就增加了。

第九，合理定价是利润池中比较重要的环节。不要认为涨价了，企业就能获利，实际上，价格是有临界点的，当定价超过一定额度，利润反而会下降，而定价过低也会影响利润。通常来说，定价应当在临界点上下浮动，而浮动的情况要根据市场行情来定。

了解利润池，为企业提供了一个从独特角度关注行业利润的新视角，尤其对于那些习惯了通过提高公司营业额和降低成本的企业来说，利润池概念的推出，更能起到推动企业进步的作用。当企业了解了利润池后，需要颠覆之前的设想和观念，并且重新审视过去的管理方法，让企业具备竞争力的同时，确保利润的高速增长，与其他要素相比，利润池更具有针对性，反而会令企业维持暴利。

M立方商道逻辑：紧随趋势，放眼未来

再次说到M立方商业模式，管理者对此已经有非常深刻的理解。身为“舶来品”，商业模式为很多中国企业带来了有益结果。在市场环境日益复杂的今天，将科学的商业模式带入企业，并且通过此获得巨额经济效益，已经成为很多企业的首选，然而，商业模式不可能一成不变，反而要体现出灵活的特性，才能适应当前市场需求。

市场趋势的改变，会给行业带来未知的影响，之后企业便面临各种机

会或是挑战，有些企业把商业模式看成万能，但事实并非如此。因为任何“模式”的建立，都需要企业站在全局高度，审视企业的发展历程，并且不断借鉴和学习其他成功企业的经验，再结合本公司实际情况，形成最有实效的商业模式。

建立 M 立方商业模式，就是紧随趋势、放眼未来的最好印证。企业不能等到市场现象完全显露的时候，才开始行动，如果这样，肯定会被其他公司抢占先机，应当在洞察了蛛丝马迹后就设计出新的方案和计划。任何目光短浅的企业，都是没有前途的，这就要求企业将目光放得远一些，不要过分关注眼前的小利益，以免丢了“大西瓜”。

2006 年，皇明太阳能集团董事长黄鸣先生，参加了联合国第十四次“可持续发展大会”，并做了相关发言。经过几年的发展，该集团已经成为全球最好的能源企业之一，不少企业将其看成“标杆”。

随着人们生活水平和需求的提高，环境越来越遭到破坏，在大众眼里，企业成为“叛逆者”的代名词，而皇明集团却走出了一条“商业和环境的和谐之路”，并且用实践证明产业、环境之间是能够达到平衡的。

在皇明模式中，有三个循环是值得大家关注的。

第一，企业与市场。皇明在介绍产品的时候，将相关科普知识传递给大众，从而引起了大家的兴趣，这让消费者意识到，集团是将环境保护和用户利益放在重要位置的。

第二，企业与产业。产业的发展，带动了企业的进步，皇明集团致力于发展更高技术的产品，这才是它们的核心资源。

第三，企业与环境。皇明集团始终将环境要素纳入企业发展规划中，它说到做到，让消费者充分相信这个企业。

环境和企业能否共存和发展，是大众关心的问题，同样是市场发展的趋势。皇明集团正是抓住了这个要点，通过先进的技术，将利润和环境保护融为一体，并且意识到，在不远的将来，大众的环保意识肯定会有所提高，才会在宣传商品的时候，对消费者进行相关知识的普及。

M 立方商业模式能够为企业带来持续暴利，原因便在它能紧抓行业发展趋势。如果你的企业总是比其他公司抢先一步，肯定能获得更多收益。下面来分析一下，**M 立方商业模式是如何令企业朝着更远的未来发展的。**

首先，商业模式的定位不仅要根据当前企业发展情况，还要考虑“未来因素”。任何企业都希望将来有所发展，从建立商业模式开始，就要对企业有较高定位，当企业都站在同一条起跑线上的时候，管理者要将目光瞄向更远的未来。

企业成立初期，或是经历重大挫折、转型的时候，会出现资金紧张的情况，为了保持企业的稳步发展，不少管理者想出裁员、减薪、控制支出等方法，这些都是在“饮鸩止渴”，过分降低成本，只会令企业的发展陷入僵局。企业应当从长远的角度出发，找寻适合企业长久发展的策略。如引进新技术、培养更为优秀的员工等，当企业能够使用社会资源的时候，才能满足消费者的需求，利润才会相应增加。

其次，商业模式不仅对优势项目有促进作用，还能提高劣势项目的竞争力。每个企业都存在薄弱环节，然而作为整体的一部分，深深影响着企业利润，建立起 M 立方商业模式，会将身边的利益相关者集合起来，形成力量庞大的整体。在日常经营中，每个部分都能发挥自身优势，经过长时间的合作，企业能够从对方身上获取需要的信息和经验，有利于促进薄弱环节的发展。

商业模式的产生，源自消费者对利润的追求，在这个多元化的社会中，利润并不是简单的“营业额—成本”，而需要企业把更多关注放在价值链上，这是通往利润的最直接方式，抛开了一切繁琐要素，企业就能够集中全部力量解决最主要的问题。

第七章　发现优势，找到你的核心竞争力

乔布斯的苹果为什么比别人的贵

有人说，改变世界的有两颗苹果，一颗砸在了牛顿的头上，另一颗被乔布斯创造出来了。曾几何时，全球各地聚集了成千上万的“果粉”，尽管苹果的产品比其他产品在价格上处于劣势，但这丝毫不影响它在全球的畅销，由此引发了相关人员的思考：为什么乔布斯的苹果能够卖到如此高价？

如今走在大街上，随处看到苹果的产品，从音乐播放器、视频播放器、手机到平板电脑，苹果似乎成为人们丰富精神世界的必需品。尤其是年轻人，每当新一季产品发布的时候，总会有很多人连夜排着长队去购买，场面相当壮观。

说起苹果产品，用户对它的评价总是：时尚、功能强大、能够迎合消费者的口味……如果提及价格，很多人会在略微思考后说：“能够买到这样的产品，价钱很值得。”

从商业模式的角度说，苹果完全能够给用户带来全新的体验，不管是操作平台还是设计理念，都能满足消费者的精神要求。当你走在路上，或是在咖啡店里小憩，想要了解资讯，把手机拿出来看就可以了，当你在旅途中，或是去理发店，等待的过程令人很焦急，如果有一台平板电脑，心

情就会好很多。

而这些都源于苹果拥有世界上最顶尖的技术，从外观到内部性能，苹果都可以完胜其他品牌的电子产品，所以说，技术是苹果的核心资源。

要问苹果公司的产品好在哪里，它的某位高管这么说："苹果就是将最好的软件放在最好的硬件里面。"乔布斯意识到，想要产品称霸世界，必须拥有别人无法替代的核心技术，这点他做到了。在产品诞生之际，没有哪个品牌比它更优秀，无论是外观还是性能。

苹果公司的盈利模式，主要有两条路径：软件和卖音乐与应用程序，前者是苹果的主要利润来源，后者是通过与其他公司合作，取得相应报酬。

乔布斯一直走在潮流的风口浪尖上，将苹果打造成"物以稀为贵"的产品，他的要求很严苛，为了保持苹果在技术上的领先位置，乔布斯对此一再提出要求，哪怕屏幕厚了 0.5 毫米都不行。

随着苹果的畅销，不少企业开始效仿它的做法，力争打造出外表看起来一模一样的操作平台，尽管这些手机的价格很便宜，但消费者还是会选择苹果，因为它的核心竞争力已经被铺在台面上，谁都无法撼动。

可见，拥有别人无法替代的产品，是企业立足的根本，虽然苹果在技术方面已经领先了别人一大截，但是它并没有从此懈怠，反而更加执着地探求，希望把乔布斯"精益求精"的传统继承下去，既然苹果很贵，就要贵得有价值。

那么，在进行商业模式设计的时候，企业应当如何定位自己的核心优势，并且最终发展为核心竞争力呢？

首先，企业的目标是什么？想要实现这个目标，应当重点关注哪些方面？乔布斯在苹果建立初期，定的目标就是要将企业发展成世界一流的电子品牌，正因为主打产品是硬件，技术能否过关，关系到企业的发展，所以他集中大部分力量攻克技术，从而把握了核心资源。

这才造就了苹果的卓越商业模式，值得很多公司借鉴。但凡优秀的品牌，都会有主打产品，而这些主打产品的背后，都有核心技术和服务的支持。如必胜客的比萨好吃，因为拥有独特秘方；海底捞的服务态度好，是因为平日训练有素；麦当劳能够开满大街小巷，是因为它有独创的价值链。

其次，了解核心资源的内容和意义。在建立商业模式时，重点应关注它的分类和能够产生的相应价值。

企业控制着各项资源，但通常将那些能够给企业带来重大利润的部分称为“核心资源”，包括企业的财产、能力、竞争力、组织程序、专业知识和信息等，要建立有效的商业模式，管理者还得对其进行分类和整理，并且根据公司的具体情况，找出最核心的部分，加以重点把握。

作为中国最大的本土送餐集团，福记自成立后，就致力于为团体提供优质送餐服务，凭借其丰富的经验，该公司得到迅速发展。福记团体送餐服务的特点是：由几个到几十个人组成的送餐团队可同时为一个企业的数百名员工送餐，这降低了人力成本；服务对象都是针对性强的企业客户，餐点内容变动小，这节约了资源。这也是福记一直保持迅猛发展的主要原因。

为了维持这个核心资源，福记一贯秉承中央化发展的战略，从原材料的采购到配送，都将这个理念带入其中。下面具体看看他们的每道工序。

采购阶段：福记采用大宗采购业务，这样比一般的采购活动节约成本。

清洗阶段和加工阶段：运用流水线式的加工流程，不仅菜品干净卫生，还能够节约成本。

烹调阶段：采用大锅炒菜，不仅菜品味道鲜美，同时还将成本降到最低。在烹调的过程中，通常一种菜，能够做出很多式样，如把鸡的全身分解开来，做成不一样的菜品，以免剩余下来的“边角料”造成浪费。

所有工序都采用中央型机械大生产，减少了人员参与，不仅免去了相关管理工作，还节约了开支，这就是福记成为广受欢迎品牌的原因。

要在市场中立足，企业必须具备核心资源，这是企业得以立足的根本，就像苹果一样，有了核心技术，并且不断完善它，才能获得持续利润。

市场，被竞争吞噬的俘虏

当市场竞争成为人们普遍关注的问题时，我们常常在反思，市场竞争如此激烈的情况下，企业该如何去规避被竞争对手“俘虏”的风险。市场浪潮中的竞争案例与日俱增，如加多宝与王老吉，苹果手机与国内市场中的其他品牌手机。总的来说，市场竞争是目前无法避免的，它就像一把“双刃剑”，可以让市场按照规律不断地进化，可以促使国家高新技术的研发和企业的转型，而最重要的是如何选择一个好的经营方式来淘汰别的竞争者，让别人的市场成为本公司市场的“俘虏”。

可以把市场竞争看作是一个“竞技游戏”，其游戏规则是由国家法律法规及该产品在行业内市场的需求情况决定的，而众多的投资者该如何玩好这个“游戏”，谁能成为最后的赢家才是最重要的。参与游戏，谁也不想先被淘汰，甚至作为玩家希望能制定游戏的规则，就像企业一样，其主营的产品，如果品牌及规模已达到行业领先地位，那么就很有可能成为该行业在该区域的引领者。而在很长的一段时间内，它都在引领整个行业的发展，并且会越来越壮大，而对于其他的竞争对手而言，此消彼长，生存的空间只会越来越小。

人们常说企业之间的竞争就像一场战争，虽然这么说在读者看来有点言过其实，但也从侧面反映出市场竞争的激烈程度和不可预测性。那么市场竞争有哪几种类型呢？据国内经济学家的统计，市场竞争可分为：产品品质的竞争、成本控制的竞争、销售渠道的竞争、公司管理能力的竞争、公司团队及销售服务的竞争。这几种竞争可以这么理解：

首先，**产品品质的竞争是最基本的竞争方式**。利用优质的产品，无论是在消费者心中树立的形象还是在行业中同质化竞争的形势下都是至关重要的，这也是近几年来，国家为何如此重视高新技术研发，因为，只有创新才有优势。

其次，**成本控制的竞争是任何经营者的首选方式**。这也是目前产品技术创新的根本原因。如果竞争对手在成本控制方面比你公司低，那么它已经立于不败之地了。

再次，**销售渠道的竞争是企业间竞争的关键点**。一个拥有稳定销售渠道的公司，其公司资金运转，资金流的畅通无疑得到了较好的保证，既然是市场竞争，那么渠道就显得尤为重要。

最后，**公司管理能力的竞争和公司团队及销售服务的竞争是一个企业长期发展的必要条件，它起到决策的作用**。一个企业整个团队及人员的能力，决定了一家公司的执行力；销售服务是取得消费者认同的最可靠的依据，一个企业在大众心中形象的树立，销售服务是最好的渠道。

如果一个企业能做到上述几项，那么，在如此一个较为完善的商业模式或经营模式下，其竞争能力是不是很突出呢？

举个例子，建材行业的发展是建立在国内基础建设的大背景下，经过逐步的兼并和重组，现国内已经形成几家规模较大的企业。与前几年截然不同的是，目前整体市场均采用新型干法旋窑，对国家资源的节约起到支持作用。那么我们印象中原本灰尘满天的水泥厂形象变成了什么样呢？业内人士都知道，现代的水泥企业基本都安装了余热发电、垃圾焚烧的设备，对环境的要求越来越高；另外，除了国家相关部门的硬性要求外，也是市场竞争的结果，那些小型的水泥企业面临着被收购的风险。

综上所述，我们可以更好地理解了市场竞争的原因。我国经济的飞速发展，说明了发展就是硬道理，既然要发展、要转型，就要不断地转变思维，研发出更好更优质的产品，提升市场竞争力，避免被淘汰的命运。

两条腿走路：内外皆销路

中国汉语是世界上最难学的语言，也是最博大精深的，从一个“人”字中就能看出许多含义，“人”字，一撇一捺，相互支持组合在一起。那么我们从一个“人”字中能看出什么呢？人是用两条腿行走的，联想到企业的发展中，如今大的经济竞争环境中，之前单一的经销模式逐渐地退出历史舞台，多梯次、多层次的经营模式越来越得到广大投资者的喜爱。企业的发展也必须用多层次的方法去发展，其在行业内的生存能力才能大大提高。那么就现实市场经济的环境中，各企业之间又采取了哪些方式、哪些经营手段去完善它们的商业模式呢？

中国加入世界贸易组织后，整体国内经济开始发生巨大的变化，最远可以追溯到30年前改革开放以来，市场经济的逐步发展，要求无论是国有企业还是私人企业都要面临转型，而选择什么样的商业模式，成了当时主要的经济课题。当然发展到今天，我国的海内外贸易额已经与世界一流出口国家持平，国内大部分实力较强的企业都经历了转型，它们不断地在市场竞争中磨炼，一次一次地抓住机遇，不但在国内建立了稳定的销售网络，更把目光瞄准国外市场；这就是内外皆销路。

用“两条腿走路”到底是什么含义？为什么要这样做呢？企业的发展需要什么？我们说过商业模式的转变是企业转型的关键，那么单从销售渠道去理解，市场容量或者说该区域的市场需求就那么大，企业要发展要壮大，靠的是什么？我认为最主要的是市场，能够建立多维体的销售模式也决定了一个企业的生存空间有多大；从资源的角度来看，能够把眼光放远，放到其他区域或者国外去采购资源，也是控制公司成本的一个很好的办法。

怎么做好“两条腿走路”？

首先，需要强大的信息做支撑。如何做好这种多层次的销售和采购呢，这不仅需要决策者有眼光，而且需要一个强大的信息网络作为支撑。现实中，信息是否畅通已经成为一家公司经营最基本的要求，它可以降低成本，提高利润，也是一家公司转型的必要条件。

其次，需要一个好的商业模式做基础。商业模式是公司政策执行力的依据。而企业是否拥有一个高素质的队伍，也是先决条件，人才强企的战略也是当今企业发展中的重要环节。一支强大的团队，能够提升公司整体竞争力，在产品质量、产品推广过程中能起到决定性作用，对市场的信息收集和对市场的反应也是最快的。

总之，一个企业要不断地发展，不断地提升竞争力，必须要做到多维体的经营方式，才能在市场竞争中立于不败之地。

下面分析一个案例：

2002 年沃尔沃集团进入中国市场，面临中国建筑设备市场竞争激烈的环境下，沃尔沃一方面大力推行沃尔沃品牌，迅速进入市场；另一方面对国内山东临工进行洽谈收购。2004 年通过一系列的谈判，该公司正式收购山东临工，收购后沃尔沃并未直接将其冠以沃尔沃品牌，而是大力推进“双品牌”，同时该公司也取得了“双赢”。据专家统计，现今国内挖掘机市场，沃尔沃占有 15% 的市场份额。另外，山东临工也顺利地推广到了东南亚等地区销售。

从上述案例中可以看出，沃尔沃了解到了中国市场的独特性，用自己优质的产品先进入中国市场，然后积极与当地想出口的同行进行商业合作，从而达到了双赢。

企业防火墙：不是所有合作项目都好

什么是防火墙？我们都知道防火墙是计算机和网络之间的一扇大门，它主要用于保护计算机不被恶意攻击。而现在防火墙的技术在不断进步，因为随着网络的不断发展，各种病毒和恶意软件越来越多，可以这么说，如果没有防火墙，整个世界的网络安全就不存在了。那么市场环境中的企业，他们的防火墙是什么呢？如今商业竞争是很激烈的，企业面临着投资风险、资金风险、企业与企业联盟的合作风险等。有什么方式可以像防火墙一样保护市场能够正常有规律地运作，从而帮助企业规避在经营过程中的各种风险。

投资风险如同网络里的恶意攻击一样，防不胜防。面对隐藏的未知风险，在对合作项目的投资前，必须要认真考虑以下几点：

首先，**投资环境的考察和分析**。做任何一次投资前都应该认真分析该项目的市场环境，具体要做的是，对当地的宏观经济情况进行分析，对市场容量做判断；对国家政策、法律法规进行研读，对该项目的合法性和合理性进行分析；对当地的运输情况进行勘察，了解销售半径的范围；对当地消费者习惯进行了解。

其次，**对合作伙伴进行了解和分析**。对该合作伙伴目前主营的业务进行调查，与银行是否有负债关系，了解该公司产品品质、团队素质及销售网络。

有些时候，一些项目或商机，并不具有可执行性，因为商业活动中存在很多的商业诈骗，为了避免这种商业诈骗，企业在进行投资前的考察与分析就显得更为重要了。

在市场运作中一个企业并不是以单体形式出现，很多时候是以一个多元化的形式出现。举个例子，苹果公司不仅经营平板电脑，还经营手机及各项软件的开发等，由此产生了维修、零件制造等相关行业。这些行业的产生是需要一定技术作支持的，那么投资商不要只瞄准那些资金雄厚的合作伙伴，还要拥有高新技术的合作伙伴，从而实现投资行为。

我们可以通过分析案例吸取商业联盟中的一些经验和教训，从而帮助更多的投资者避免风险。请看以下案例：

2012 年湖北省某市的一家建筑材料企业，由于 2011 年整体行业不景气，该公司在上年度出现了严重的亏损，银行负债累累；该公司与当地乡镇签署的一些协议并不符合国家的相关规定，同时公司销售渠道也受到其他同行业的打压。在该公司内忧外患的情况下，其经营者开始联系外地企业，试图寻找实力强大的企业做后盾。其与江苏一家在行业内较为强劲的公司进行洽谈。在初次洽谈中，湖北公司并未提到目前公司的实际经营情况，但后期江苏公司经过调查了解到该公司与银行的关系，并深入到当地相关部门了解，目前这家公司与当地相关部门正在因协议问题进行协商，问题一直没有解决，而且该公司销售渠道单一，其采用的经营模式较为落后；江苏公司虽一直想进入湖北市场，但考虑到合作后的风险太大，因此拒绝投资。

从案例中可以看到，不是每一个项目都是可以投资的。在公司发展的过程中，首先要考虑如何规避经营风险，对每一次投资要做出正确的判断，通过正确的商业模式来提高公司的竞争力，从而形成一个强有力的企业防火墙。

做精做强，最后才做大

广义上说，一家企业的存在，其目的是为了能源源不断地产生效益和利润。而企业为什么能持续发展，又如何保证利润的持续产生，取决于企业的战略目标和战略方针。一个企业的战略目标、战略思想关系到企业能否做精、做强、做大。

如何做精？

一家企业如何才能达到精益求精呢？这就要求企业无论在商业模式上，还是在经营理念上，都要精益求精，具体有以下几点：

首先，企业应该有自己的主营产品，并且在行业里有较为优秀的品质基础，能够满足广大消费者的基本需求，并取得消费者的认可；另外，企业的内部管理和经营理念具有精细化管理的条件。

其次，从商业模式来看，企业的战略目标、管理方式是否符合精细化的条件。商业模式的选择，能够反映出企业未来即将发展的方向、营销模式是否符合当前市场形势的需要。

如何做强？

任何企业的发展，基本上都是先做精再做强，这和人要先学会走再学会跑是一个道理。那么，一个企业要做强，需要哪些要素呢？

首先，从企业发展稳定的角度来看，企业发展的必经历程是需要一定强度作为基础的，也是先决条件，在市场竞争中保持一成不变的战略思想，是不可取的，采用适时的策略才是最关键的，也是企业发展的目的和存在的硬道理。

其次，如何判断一家企业是否已经做大做强了呢？一方面，可以就该企业所处的市场环境来分析，它是否在行业中取得了一定的优势，处于主导地位还是跟随者；另一方面，从该公司的规模及盈利水平可以分析出该公司是否已经做强了。

最后，根据该公司的商业模式、战略取向与后期的规划来确定，该公司是否有一套先进的管理经验和方法来持续发展和强大。

如何做大？

一个企业要做大需要的是，投资者敏锐的商业眼光、敢于发展的精神和一支经验丰富、实力优胜的队伍，他们敢于创新思维，改变顽固思想。

看一下案例。

2004 年湖南岳阳地区，摩托车行业在汽车行业大发展的背景下，市场份额开始不像之前那么火爆。当地摩托车生产企业规模都不大，主要是以生产零件再组装为主，其利润出现明显下降。而就在当时，其中有一家公司积极改变策略，通过兼并重组进行收购和改建，形成了连锁性的企业，使得它在激烈的市场竞争中立于了不败之地。

从上述案例中可以看出，无论处于怎么样的一个市场环境中，只要善于分析市场形势，预测后期走势，就可以通过另一种渠道或方式改变企业的现状。当然，这需要对该行业有较强的认识和判断。总之，一种商业模式的转变，会给企业带来不一样的效果。做精、做强、做大是企业发展的必经历程，而一个企业商业模式的转变就是其做强、做大的方法。

M立方商道逻辑：多维优势，多向营销

再次提到 M 立方商业模式，要讨论的是它的“多维度”营销模式。企业的优势不可能只有一个，同时要避免单一的营销方式，要让不同区域和不同类型的客户，都能了解你的品牌，这是令企业保持暴利的最好办法。

建立商业模式的时候，管理者通过观察可以得出企业不单只有一种优势的结论。企业虽然是个整体，但是每个部分都可以独立形成资源，并且为企业创造效益，这就为企业实现“多向营销”打下了坚实的基础。

M 立方商业模式中，相关利益者始终是核心部分，他们的需求是不一样的，不能进行统一规划，而“多维优势”的建立，能够让那些隐形的“利益相关者”主动被吸引，这不但为企业减少了成本，也增加了利润。如购买原材料的时候，通过巧妙的方式可以让供应商降低价格，如果你只是还价对方肯定不愿意，因为他无法从中获得好处；而如果你每次大量进货，对方可能会松口；如果你带着他一起赚钱，对方会很开心地给你打折扣，甚至免费为你提供原料，因为他能够从你这边得到更多资源。原材料买回来后，需要处理加工，无论是外包还是聘请相关工作人员，他们都不会白干，你也会通过对方的工作获得大量利润，这就形成了双赢的结果。在销售环节，业务员向客户推销产品，同时也将品牌推广出去。他们在为企业挣钱，因此，很多企业用“业绩提成”来激励销售员，他销售的产品越多，企业获利越多，他的提成也越多，最终实现了雇佣关系的双赢。

当然，最直接的客户，是花钱购买产品或是服务的人，通过之前的环节，将客户口袋中的钱，“变”到企业账户中，同时他们也购买到自己需要的东西。客户最关心什么？产品的质量、能否带来身体和精神上的满足、产品的售后服务等，如果企业能够满足他们的需求，就是一个双赢的交易。

天朗曾是全球最大的琴键开关生产商，供应对象都是知名品牌，可是在 2001 年，由于其客户的出口订单大量减少，导致它的业绩也急剧下滑，这时的天朗不得不设计新的商业模式。

在分析了企业内外部现状后，天朗将目光投向欧式开关，决定创建自主品牌，虽然国外已经形成较为完善的市场，但国内还没形成规模。一些厂商也在生产这类产品，不过价格比普通开关高出三倍，业绩并不是很好。

2004 年，天朗自行研发欧式开关，成本降低了 20%，在实现全行业领先的同时，该企业迈出了关键的一步。可是，想要把产品转化成利润，还需要经过设计、生产、销售等环节。简单地讲，如果天朗没有控制好这些环节，即便有最好的构想，也不能将其变成生产力，从而获取利润。

作为生产型企业，天朗在制造方面不存在什么问题，可是想要打通销售渠道却不容易，因此，它想到了利用别人的销售渠道，从而实现共赢。这样做的前提是，天朗必须有自己的卖点，别人才会与你合作。天朗的优势在于设计和生产，只要找到能够与之互补的企业就可以了。

机会永远留给有准备的人。就在天朗推出第四代开关时，不少照明企业开始成立实体店，而他们又不想投资生产，于是与天朗合作。从结果的角度看，这是一桩成功的生意，天朗用自己的优势——设计和生产，换来了销售企业的合作，双方各司其职，都获得了巨大收益。

可见，当企业拥有核心价值的时候，会吸引“利益相关者”前来合作，当双方将优势合二为一的时候，就会帮助双方企业实现盈利。M 立方商业模式的先进之处就在于此，客户不是单一的，而是当企业体现出有利润可赚或是拥有不可替代优势的时候，合作者会自己走到企业的价值链条上，从而形成有效的“模式”。

案例中，天朗公司凭借优秀的设计理念和先进的生产技术，让照明门店经营者愿意同它合作。天朗通过这些门店，扩大了销售渠道，提高了自身创造利润的能力。

天朗公司的优势并不单一，并且会形成不同组合，这就要看合作伙伴的要求和背景，但无一例外的是，天朗公司利用合作伙伴的销售渠道，让产品变成畅销品的同时，也增加了企业的效益。

M 立方商业模式看似简单，其中却蕴藏着丰富的道理，想要企业持续暴利，就要不断强化核心优势，才能令企业具备竞争力，当企业的实力增强，甚至形成品牌的时候，身边的利益相关者就会增加，企业的生产、设计、销售渠道也会增多，就容易形成多向营销，而这些，都对企业形成利润有很大帮助。

第八章 盈利系统，价值最大化让企业持续盈利

品牌系统：口碑宣传体现价值

什么是营销中的口碑系统？企业在了解了市场需求后，能够为消费者提供需要的商品和服务，与此同时，还制定了一系列“口碑”推广计划，将消费者充当免费的口碑推广者，并且给予产品和服务良好的评价，让更多人在听到好口碑之后，对品牌树立信心，更深层次地认识该企业，从而强化了市场认知度，最终形成“持续暴利”企业。

虽然“口碑传播”是用户之间的非正式传播，却能够起到企业难以想象的效果，对于那些没体验过该产品的人来说，其他用户的评价会比任何广告都管用；而对于已经使用过该产品的用户来说，与其他人分享使用心得也是非常愉悦的过程。

企业之所以选择口碑宣传，很大原因是其有较高的可信度。通常，口碑宣传发生在较为亲密的人之间，他们有着良好的关系基础，对于纯粹的公关、推销员来说，这种宣传方式更让人有信服力，与其投入很多钱做广告，不如在口碑营销上下功夫，将能起到较为明显的效果。

百事可乐刚刚成立之时，因受到老品牌——可口可乐公司的阻击，业绩一直不理想。后者嘲笑百事可乐没有竞争力，不具备悠久的历史和丰富的文化内涵，并且在广告中，用鲜明的对比体现了两者不同之处。作为一

个新生品牌,百事可乐的实力确实稍逊一筹,但它却利用可口可乐的“历史”造就了自己今天的规模。

百事可乐以“新”为主题,打造了一支名为“新一代可乐,新一代选择”的广告，同时在喜欢新事物的年轻人当中宣讲百事可乐的不同之处，渐渐地，人们开始接受这个品牌。

在百事可乐的商业模式中，盈利系统运用了较为先进的方法，通过到客户中间宣传,并且鼓励消费者之间相互传播,从而达到让品牌深入人心的目的。

口碑系统作为盈利系统中的细分环节，在整个营销过程中占有很重要的位置，虽然已经形成了较为完善的“体系”，但是很多中国企业却还没有将其加入到商业模式中，那么，**具体应当如何操作呢?**

首先，鼓动过程。追赶潮流的人，是口碑营销的“主力军”，他们不仅会在第一时间体验最新的产品和服务，还会将感受告诉身边的人，从而引发其他人的购买或关注。

如 Tremor 是宝洁公司的广告宣传之一，在发布的同时就吸引了大量观众注意，不少人认为这个广告在口碑营销上做足了“势”，能够煽动更多消费者的情绪，让他们对产品有更深层次的理解。虽然宝洁公司花费很多精力做这个广告，却完成了一次低成本的营销。

很多知名品牌早已形成了口碑系统，他们会在调动一切资源鼓动消费者的同时，打出口碑营销的组合拳，会采用“一对一”、“贴身式”服务，力争降低企业的营销成本。

其次，让用户自己说出产品价值。如果传递信息的人敷衍了事，听者也不会太多关注产品，口碑营销便失去了意义，此时，我们不得不提到支持口碑系统得以发展的力量：商品的价值！良好的性能和完善的服务，本就是吸引用户的核心，也是帮助企业完成口碑营销的间接力量。

如果消费者使用了一个性能卓越的产品，一定会马上告知身边的人："嗨，你应该去买这个产品，钱花得值。"反之，这个人肯定会想："我再也不买这个东西了。"同时，也会告诉身边的人不要购买，因为产品没有带给他舒适的体验。

当某个产品的使用信息让消费者津津乐道，肯定会成为大家喜欢谈论的对象，而想要做到这一点，必须先令你的产品具有足够价值。

最后，回报。我常听到这样的对话："嗨，我上次在你这里买了一盒面膜，挺管用的，就介绍给我的好朋友了，这不她们要我帮忙带几盒。"

"很高兴您选择了一款适合自己的产品，也非常感谢您为我们产品做的宣传，这样吧，今天免费送您一片面膜，这是新款，您回去试试看。"

不论口碑宣传者是否暗示你，既然他为你的品牌做了宣传，企业就不能忘记回报他们，这不仅是一种鼓励，也是拉拢"相关利益者"的方法，会让口碑宣传者更具有动力，而去坚持做这个事情。

商品的好与坏，企业说了不算，由使用过的人说出来，才更具有信服力。因此，**企业在完善商业模式的时候，一定要注意建立起口碑系统，这是带动企业效益增长的有效力量。**

渠道系统：打通销路强化价值

想要企业的业绩好，没有适合的销路不行，销路过于单一也不行，在建立商业模式的时候，要通过打造多种销售渠道，扩大企业的利润，当四面八方的人都来购买产品时，利润才会大幅上升，这也是完善盈利模式的最直接手段。

产品生产出来以后，没有地方可以卖，肯定会急坏企业，因为这不仅占用企业的成本，还会令企业发展陷入僵局。为了打造畅通的销售平台，需要企业打通多条销售渠道，让货流带动钱流的发展。

传统的营销模式中，销售人员要主动找客户，同他们谈合作意向，谈论的内容有商品性能、价格、运输等相关问题，这种方式不仅效率低下，而且成本很高。不管企业谈成了多少家客户，销售渠道总体很单一，这会令企业的发展陷入困境。

现代商业模式里，扩大销售渠道是完善盈利模式的最佳方式，如文字工作室完成的稿子，可以送到出版社，以实体书形式出版，也可以卖到网站，形成电子版权，这样工作室就有了两笔收入。

如今，很多企业将产品销往国外，这也是扩大销售渠道的重要方法。当产品漂洋过海的时候，不仅打开了一条特殊的销路，也令产品的名气大增，从而实现价值的增长。

想要扩大销售渠道，企业必须完成两件事：加强产品的质量和进行有特色的销售。

西门子产品的质量，一直是它引以为傲的资本，也是客户选择它的首要原因。很多年来，西门子公司不断强化产品质量，并将其看成企业的核心资源，有了这个作为“保障”，客户就会乐意购买它的产品，销售渠道自然会畅通无阻。

在商场可以看到吉列公司总是将剃须刀和刀片放在一起销售，这吸引了不少客户，因为剃须刀的刀片时要常更换，这种小物件买起来又过于繁琐，吉列的这种做法，不仅是一种新颖的销售方式，也极大地方便了用户，同时也引发吉列产品销量的大幅增长。

还有一种方式也能对扩大销售起到积极作用：先将某种产品当“诱饵”，目的是销售另一种商品。

身为世界五百强之一的瑞典利乐公司，常年生产饮料外包装、加工设备和灌装设备，它堪称全球最大的软包装生产商。当你喝着伊利、光明、蒙牛奶制品的时候，一定不要忘记，这个包装是利乐公司生产的。

有人问：“为什么这些品牌不自己生产外包装呢？”原因很简单，如果生产外包装，企业不仅要加大管理，还得投入大量资本，会影响主打产品的管理，既然利乐公司可以提供软包装，企业为什么不用呢？

利乐刚进入中国市场的时候，只做液态食品的灌装生意，目的就是为了向客户提供灌装设备，这种直接销售的方式，令企业获得了巨大收益。可是灌装设备的价格昂贵，没有多少客户愿意购买，后来，市场上又出现了几家销售灌装设备的企业，利乐公司渐渐失去了竞争力。

这时候，利乐公司想出一个办法：客户购买灌装设备的时候，可以先付 20% 的价钱，条件是在今后的 4 年内，必须购买利乐公司的饮料包装。

这种做法果然受到相关企业的喜爱，因为可以用购买设备的钱去开拓市场，这样一来，会有更多的人来买产品，同时利乐公司的收入也会增加。

可见，想要打通销售渠道，企业可以通过多种方式，但其目的都是为了提升产品的价值。无论是提升产品质量，还是采用捆绑式销售，都是为了提高企业和用户的资金使用效率。

服务系统：配套服务创造价值

很多人说：如今的生意不好做。原因不外乎两种：竞争对手的实力过于强大和客户的品位越来越高。想要让企业盈利，就得在产品上下功夫，这里所说的，并不是单指产品本身，而是说产品背后的配套服务，只有让消费者充分体会到舒适和欣慰，他们才会愿意购买。

有一次，我去买家电，因为正在做促销活动，所以购买了好几样商品，可是我还想去别的地方逛逛，就问店员："我下午再来取这些东西，可以吗？"店员的回答令我惊喜不已："我们互相留下联系方式，我们会在约定好的时间，送货上门，并且提供安装服务。"

可见，优秀的配套服务，会让客户觉得产品"增值"了，原本 5 000 元只能买一套空调，如今企业还赠送了送货、安装、维修等服务，这不仅方便了购买者，还令他们觉得物有所值。

在"大锅饭"年代，在商场很难遇到热情的服务员，这让客户觉得很不舒服，而在市场经济条件下，企业之间的竞争日益激烈，不但要比产品，还会比配套服务，简单地说，客户觉得购买谁家品牌的东西方便，就愿意在谁家买。

客户普遍有"占便宜"的心理，在同等价位下，他会关心企业能赠送什么，从企业的角度说，为客户打造全方位的立体服务，更容易引起对方的关注。

什么是品牌，当客户想到它的时候，就能联想起优质的商品和齐全的配套服务，在他们心里，这才是大品牌应当具备的特征。

前些年，国家出台了“家电下乡”政策，吸引不少农民朋友购买家用电器。各类品牌之间，在技术和品质、价格上相差无几，但美的的产品，却从中脱颖而出。可以看一段真实的案例：

一位名叫林耀荣老人，是广西平乐县沙子镇安隆村的普通村民，想趁这个机会购置一台冰箱，可是他和老伴都上了岁数，子女又都外出打工了，因为身体不好，行动很不方便，虽然几次想去县城买冰箱，但都没有成行。

后来，林老人的愿望终于实现了，因为美的组织了一场名为“心连心”的产品推广活动，活动点开到了每个村子，当得知林老人想购买冰箱，随即上门为他讲解相关信息，但这位种了一辈子地的老人，总是在犹豫哪款冰箱好，一直拿不定主意。于是，美的的工作人员，经过跋山涉水的行程，将两款林老人都很喜欢的冰箱同时运到他家里，让老人自己挑选，并且帮他安装好。

此外，工作人员为老人办理了“现场直补”手续，林老人马上就拿到了补贴款。

虽然这种情况不是每天都会发生，但美的集团所能提供的配套服务，确实令客户产生温馨的感觉，当用户觉得自己受到尊重的时候，购买欲就会增加。如今，市面上提供的产品越来越多，客户在购买前也会“货比三家”，正因为他们越来越重视精神上的需求，所以会格外重视产品的配套服务，这也是企业赢得更多客户的关键之一。

在完善配套服务的过程中，企业应注意些什么呢？

首先，为了避免服务与其他公司雷同，商家先要通过调查研究，找到当前服务中的不完善之处，进行有针对性的规划。配套服务和商品一样，要体现出特色，才和其他商家产生可对比性。案例中的美的公司，正是了解了当前农村用户的不方便之处，才想到了建立“心连心”服务站，这体现了自己品牌的特色服务，这也是美的公司在这个项目中能够胜出的关键。

其次，配套服务要能够支持产品的销售。之所以成为“配套服务”，是因为它属于附属品，是客户在购买主要产品后，所享受的服务，如果用一个“八竿子打不着”的服务，想要博取客户的青睐，是完全不可能的，客户还会认为企业没有诚意。如销售鞋子的时候，企业通常会附赠鞋油、刷子、鞋拔子之类的产品，不会送书包、发带等，因为后者与鞋子毫无关系。

商业模式中，产品和配套服务应当是联系在一起的，对于企业已有项目，应当思考如何完善它们，令客户更加喜欢这个产品；对于待开发的项目，在设计研究之初，就要一并设计配套服务，有助于企业提前告知客户，让他们对产品和相关服务有所期待，这也是增强前期宣传效果的一条有效途径。

还有，作为创造更多收益的“无形商品”，企业创立配套服务也应当有“与时俱进”的态度，因为消费者的需求在不断变化，如果配套服务保持不变，就有可能令客户产生“疲劳感”，既不能满足他们的要求，又不能给他们带来新意。

有了优秀的产品还不够，还需要在配套服务上下功夫。能够一直保持良好配套服务的企业，就有可能形成持续暴利。当产品不断更新，配套服务也随之更新，客户才会感觉到企业对品牌的严谨和对消费者的负责态度，在商业模式中，配套服务应当紧随产品之后，形成连贯的价值链，客户才会被吸引。

客户关系系统：建立忠诚度反映价值

企业与客户关系的好坏，直接影响企业的销售，如果你还没有形成垄断企业，就说明你的产品并不是不可替代的，这时候，如果没有帮助客户建立忠诚度，他很可能会被其他品牌“抢走”，但是如果你能够让客户看到产品价格背后的价值，对建立良好的客户关系，有很大的推动作用。

客户是否忠诚于企业，直接影响着利润。每当新一季苹果产品上市，总会有不少人连夜排队购买；某位大导演的新作发布，也有不少影迷连夜去看首映式。可见，当企业帮助客户建立起忠诚度，产品的价值就不可限量了，因为客户购买产品不仅仅是为了满足物质上的需求，更多是为了满足精神上的需求。

决定客户的忠诚度有三个要素：产品的价值、企业建立的信用度和企业愿意付出的额外努力。

首先,产品的价值分为核心价值、个人价值和意外价值。对于企业来说，用户是“门外汉”，需要你通过合理的宣传和讲解，让他们看到产品背后的价值。尤其是客户与工作人员面对面交流的时候，要使用简单易懂的语言，告诉他们产品的优势在哪里。

其次，企业要建立起信用度。常听到这样的评价 :“广告和现实完全不是一回事，图片上的商品这么漂亮，实物却不是那么回事。”生活中，企业的很多行为都降低了消费者的信任度，与其虚假宣传，不如进行重点宣传，将产品的优势展现在大众眼前，也可以通过给产品增加文化内涵，帮助客户转移兴趣点。

信用如何建立？信用是从一点一滴小事中积累起来的，企业对客户的承诺一定要做到，哪怕业务再繁忙，都不能“偷工减料”，要全心全意为客户着想，不能将问题丢给客户，长期坚持下去，信用度就会建立起来了。

当然，客户还非常重视企业能够带给自己的额外服务，在不违反原则的情况下，企业可以适当给客户“行方便”，如企业规定客户必须在 5 点前提货，如果遇到一些特殊情况，在双方协商后，可以给予适当调整。

客户是处于不断变化中的，只有掌握了他们的变化规律，才能有效建立起“客户关系系统”，客户的忠诚度能够给企业带来巨额收益，而且不用花费很高的成本。

在建立客户忠诚度的过程中，企业应当注意什么？

首先，尝试和客户建立对话。想要建立良好的客户关系，企业要定期进行“客户回访”，这不仅让对方知道该品牌对客户的“牵挂”，同时也能及时了解用户的最新需求。对于客户的抱怨，企业要用客观的眼光对待，并且耐心地解释，将抱怨转化成“提建议”，遇到有建设性的建议，要记录下来，有助于改善今后的工作。

如今，很多企业打出“感恩牌”，策划出一系列活动“感谢”客户对企业的关注，这也是建立良好客户关系的重要方法。当企业以谦卑的态度出现在大众面前,大家更容易接受。“感恩营销”之所以能激发客户的兴趣，是因为大众乐于接受这种温馨的活动，能够激发内心的某种渴望。

其次，分清客户忠诚度和满意度的区别，从而更好地建立客户关系。不要认为用户对产品满意了，就万事大吉，这远远没有达到“忠诚度”的地步。对产品满意，并不表示客户对这个品牌具有忠诚度，而忠诚度能够帮助企业长期拥有这些客户。

企业越能够建立客户忠诚度，对方越有可能成为你的“粉丝”，不仅会来购买你的产品，还会帮你宣传，这不但降低了企业成本，还使利润有了很大提高。

供应链系统：把握各个环节传递价值

企业虽然是一个整体，但是被分成了若干环节，每个环节都存在相应的供应链，就像生产车间里的流水线，商品每经过一个环节，其价值就会增加一些，当变成“成品”的时候，商品的全部价值就体现出来了。如果企业可以把握供应链上的每一个细节，就能创造出价值非凡的商品，令客户在购买的时候眼前一亮。

首先，需要了解供应链的具体含义：

第一，供应链既包括上游的供应商，也包括下游的经销商、零售门店和客户本身。

第二，从原材料到成品，这个完整过程中的一切事务，都是供应链上的环节。

第三，整个供应链中，能够体现不同利益相关者的关系。如果企业能够将这些人聚集到一起，对形成高效完善的供应链有很大帮助。

第四，供应链运作的意义在于客户价值链的不断增值。

供应链是否卓越，已经成为企业提升价值和增加竞争力的最大推动力，正如一句谚语，罗马城不是一天建起来的，企业想要形成完整有效的供应链，也不是一朝一夕的事情。既然是一根完整而“内涵丰富”的“链条”，企业就必须了解每个环节能够带给企业的利润，因为每经过一个环节，就会为商品增加一些“价值”，随之也会增加营运成本，如果某个环节中，商品价值没有提升，企业的利润就会减少。

看一个案例：

D公司是一家大型超市，经过十几年的发展，终于形成今天的规模，老板非常重视企业的供应链建设，尽可能调节好与上下游客户的合作。

上游是供应商，D公司对每样商品的要求都不同。如蔬菜类供应商必须每天早上6点前，将新鲜蔬菜运到超市；电子类产品不是超市的“主打”产品，并且面临更新换代快的问题，超市与供应商协商：提货的时候，只支付全部货款的30%，以后每卖出十件产品，再向对方交付相应件数剩下的货款。D公司的理念是：在保证产品质量的同时，降低公司的运营成本，这样可以不断吸收新产品来销售，但前提是要与供应商谈好付款协议。

商品进来后，就要考虑库存问题，针对每种商品的特殊性，超市建立了若干仓库，以保证商品的安全，并且建立了一套完整的“仓储条款”，从货品循环、安全和季节安全三方面，规定了超市货品的保存问题。

销售环节也是供应链上较为重要的部分，根据不同商品的性质，超市采用不同的方法。如食品类或是生活小件，都是由消费者自主选择；家用电器等大件，客户选择后，要将个人信息告诉超市，以便商家送货上门。

此外，D公司还建立了相当完善的信息系统，以便对商品进行跟踪，从货品进入超市开始，就通过扫描产品条形码进行分类，不管它流通到哪个环节，只要点开相关软件，工作人员就能知道它在什么地方。

正因为有了较为完善的供应链系统，D公司很少出现产品无故短缺或丢失的情况，每次货架上缺少某样商品，都能够及时补齐。如果客户问 G 产品在什么地方？工作人员也能够准确回答，这节约了客户的时间。

当集团用户进行大宗购物时，D 公司也完全能应付，这就为超市建立了良好的口碑，也是 D 公司能够在行业中占有一席之地的原因。

由于建立完善的供应链能够起到巨大作用，因此，不少人在设计商业模式的时候，非常关注这方面问题，那么，应该如何选择供应链呢？

之前的很多企业，用了过于单一的供应链，随着市场经济的发展，“一招鲜吃遍天”已经不适用了，管理者必须在满足消费者要求的基础上，结合公司特点，选择更符合要求的企业供应链。

虽然很多人意识到，不同行业应当有自己的供应链，但是并没有意识到在企业内部也会形成很多分支，不同项目和商品的生产过程不一样，如果用同样的供应链，会掩盖其原有的特色，这对企业特色的形成没有好处。

下面介绍三种有效的企业供应链：

第一种，高效率供应链。它能够将成本降到最低，并且可以节约很多时间，对产品差异较小、竞争较激烈、利润不高的企业会选择这种供应链。最常用的是连锁超市。

第二种，快速反应供应链。它能够对客户要求进行快速反应，其应用对象多为设备维修等处理紧急情况的部门，正因为需要在短时间内对客户进行信息反馈，企业必须具备优秀的生产和运输能力。

第三种，创新供应链。由于客户的需求在不断变化，所以产生了这种供应链方式。企业与用户的关系越紧密，越容易察觉对方在需求上的变化，如时装、手机、汽车、电子产品等更新换代较强的商品，比较适合用这一类供应链。

企业一旦建立起较为完善的供应链，商品的流转渠道就会畅通很多，商品的供应情况会直接影响企业的利润，因此，合理的供应链是企业得以持续发展的基础。

M立方商道逻辑：提升能力，提高利润

之所以要建立M立方商业模式，是因为它能够帮助企业获得持续暴利，在整个“模式”中，完善的盈利模式至关重要。如今的市场，不仅呈现多元化趋势，还经常出现新型行业与商品，为了让企业具有竞争力，就必须不断提高能力，最终带动获利能力的增长。

在建立M立方商业模式的企业中，很多都创造了不菲的成绩。企业盈利系统是否完善直接影响着企业的利润，为什么越是优秀的企业，越能够赚很多钱呢？原因在于，这些企业有足够优秀的能力。

说到盈利系统，其下还分成不少子系统：品牌知名度、客户关系、配套服务、企业供应链等，企业需要在分别打造它们的基础上，将其融合为一体看待，力争形成完善的盈利系统，从而提高企业的利润。

众所周知，亚洲航空公司的机票是全亚洲最低的，这也成为它的一大亮点，吸引了不少客户，它低到什么程度呢？举个例子，从中国到马来西亚、泰国，来回只要一千元人民币，这着实令人惊讶：为什么该航空公司能够以这么低的价格销售机票？它的盈利点在什么地方呢？

首先，该公司的机票只能在特定网站上购买，不设代售点，也不给旅行社帮客户购买机票的机会，这样一来，它既不需要给经销商提成，也不

需要花费行政经费，这就节省了很大一笔开支。

其次，该公司的飞机，基本上不设头等舱，除了极少数飞机设有商务舱之外，其他飞机一律都是经济舱，并且飞机上不提供任何餐食和饮料（这是会提前告知客户的），总之，亚洲航空公司承诺给客户的，全部兑现了。

该公司的飞机每次转机的时候，最多停留 25 分钟，这也是节约成本的方式之一，并且不用廊桥，飞机大部分时间停在国外，不仅因为该公司的停泊费用少，而且从天上滑行下来的时间也不需要那么长，大大节约了燃料费用。

此外，因为该公司飞机上不提供餐食，所以一般不需要清洁人员打扫，这也是降低成本的重要方式之一。

接下来分析亚洲航空的盈利点。

第一，因为飞机上只有座位较小的经济舱，所以比其他飞机节约了空间，就可以设计更多座位，而多出来的机票钱就可以被看成是利润。

第二，飞机本身不提供餐食和饮料，但如果你想吃东西，可以在订购机票的时候，用信用卡一并在网上购买，等你上飞机的时候，就会发现自己的座位上已经摆好了食物，飞机是个密闭的空间，只要有人打开食物包装，香气就会马上溢出来，很多客人在闻到香味后，马上付钱购买餐食和饮料。时间久了，在空中买东西就成了时尚，后来，飞机上还为客人提供帽子、衣服、袜子、毛巾、太阳镜等生活用品。

第三，虽然飞机上都是经济舱，但是亚洲航空公司还是想出了另类办法：在某些较为特殊的座位上，套上红色的椅套，这些座位通常离逃生窗口比较近，并且下飞机很方便，如果谁想坐这些位置，就需要另外付钱。

第四，该航空公司规定客人带上飞机的行李不能超过 7 公斤，否则就要被拿去托运。10 公斤以下的行李，托运是免费的，超过这个标准，就要以每公斤 20 元的价格收费。所以有些时候，客人会说："在亚洲航空公司坐飞机，行李比人还贵。"

可见，当企业形成了完善的商业模式后，会找出很多盈利点，好像到处都能赚钱，亚洲航空公司虽然在机票上给予客户很大优惠，但是在其他方面找到了利润点，不仅弥补了机票上的利润，还为企业创造了很多额外财富。

第九章　整合资源，打造保证利润额的价值系统

确定范围，资源重组

企业的资源分布是否合理，关系到重点资源能否被用在核心项目上，整合资源的过程，也是企业审视自身力量分布的过程，首先确定范围，在了解了哪些项目要重点关注后，再进行资源调配，将最优质的资源用在最核心的部分，将更容易帮助企业形成利润。

“确定范围，资源重组”是什么含义呢？首先，作为一个企业，无论是从事什么样的行业，经营什么项目，“资源”是市场不可或缺的，可以说，资源是市场组成的一部分，而企业在经营某一种产品的同时，不仅要确定企业本身需要什么，也要清楚地知道，市场需求是什么。从一个先进的企业商业模式来看，确定一个范围或者区域，再进行有效的区分和规划，显得尤为重要；如两个人，A在文笔和人员管理方面较有能力，B在市场管理和市场拓展方面有较强的能力，那么如何将两个人进行合理安排，这就是管理者水平和企业管理模式的问题了。无论是人力资源、产品资源，作为企业，首先应该做的是如何区分资源范围，如何进行归类利用。

区分资源类型，合理规划是进行资源重组的前提。

企业在激烈的市场竞争中，如何利用好手中的资源和优势决定了该企业在市场环境中的生存地位和发展空间，这里暂把企业资源归类于几个方面：

人力资源：近几年，“人才强企”的战略和“技术创新”战略成为当前各大企业的共识。人力资源的利用，能更好地执行公司政策，体现公司的执行力，从侧面也可以反映出一个企业的整体精神面貌和公司能力。合理整合企业内部或者选择经销伙伴的资源，也是一个企业的重中之重。

社会信息资源：一个公司经营的好坏，往往取决于市场信息来源的速度。而这关系到企业内部是否有相关的渠道去收集和整理规划，这些信息是否帮助企业决策者去分析和判断市场、是否为企业后期政策调整和走向提供了帮助。

产品资源：2012年“十二五”规划以后，国家对资源的控制力度加大，对可持续发展的思想又做了强调，这也是企业发展的重点，可以说：“谁掌握了资源，谁就能引领市场”。

上述的几种资源类型只是从广义上来说的，细分到各个行业中，资源又包括：市场需求、原材料供应、资金来源等。

当企业拥有了资源以后，应如何规划和利用这些资源呢？

举个案例：

安徽某市一家养鸡企业成立于2005年，当时只是一个初具规模的养鸡场，公司投资30万元建厂，按照6个月成本出厂10万只鸡计算，该企业的养殖规模并不算大，但从2006年开始，该公司走兼并的企业路线，先后兼并数家企业，同时去各地高校进行招贤纳士，管理水平一度提升；并利用离南京等地运距较近的优势，进行大批量对外推销，市场网络全面铺开；2008年该公司又与必胜客、肯德基、麦当劳等企业达成协议，开始建立屠宰等工厂，形成了一套较为完善的产业链，目前该公司营销收入逐步增大，计划在2013年上市。

从发展的历程来看，该公司合理地规划了企业发展方向，利用多位一体的商业模式，从各角度对有限的资源进行规划和利用。因此，该公司的商业模式是成功的，是可取的。

整合产业，重塑业务

企业在发展过程中，会出现产业链松散的情况，或是由于资源分配不均导致某些产业不如以前，从这个方面说，及时整合产业是有必要的。有人说：“世界上没有垃圾，只有放错了地方的资源。”可见，将有效资源放在适合的地方，是推动企业发展进步的重要举措，随着市场情况的不断变化，企业面临的挑战也越来越大，在适当的时候对业务进行“重塑”，会令企业更加具有活力。

当企业发展到一定规模或者具有一定实力以后，在其行业内它不可能永远固定于经营某一种产品，而是会去寻找更好的商业机会，创造更大的企业收益。在一个行业内，当公司发展到一定规模时，也需要对当前所经营的各种产品进行整合，然后重新确定后期的发展思路。

举个例子，一家经营养殖场的企业，其具有一定实力并在行业内取得了较好的销售市场时，或者说在区域内利润再叠加的可能性已经不高时，该公司就会逐步发展食品行业的工厂，它可以建立肉食食品工程，从而实现更多的利润。而养殖场、屠宰厂、食品厂就像一个组合体；而这种组合体的产生基本都是有一定关联的，就像一根链条，缺一不可。

那么，该如何利用现有的产业资源进行充分整合、重塑业务呢？

首先，在经过周密的市场调研以后，要根据整合后的业务现状，确定后期业务的发展方向和目标。如后期进入某个行业以后，市场容量有多大、采取什么样的营销手段才能达到既定目标；在确定好目标后，如何让组织投入资金、人力，进行市场划分；如何将成本控制在最低，怎么才能达到最高的商业利润；在选择商业伙伴的同时，要确定需要什么样的合作人，需要合作人做到怎样的投入，等等。

其次，在做好相关业务投资准备后，还要对市场中已存在的竞争对手进行了解，从而整合当前主营业务中的产品，通过组合把优势最大化。

通过上述整合会使产业价值达到一个新的高度。那么我们之前所操作的业务，是不是需要重新定义和改变销售策略呢？明智的做法是，根据各公司发展的路线和目标不同的特点，重新形成该公司的商业模式、确定战略目标和营销策略。

找利润源，寻利益点

企业要赚钱，最直接的办法就是寻找利润源，而不是用营业额—经营成本，因为其中有很多环节，企业并不好控制。当所有企业都在寻找“利益点”时，最好的办法就是对同一个项目进行讨论分析，只有当相关利益者都能从中找到商机的时候，合作才能顺利进行，这也是现代商业模式中较为重要的部分。

企业在实际运作过程中，要不停地发现好的商机，寻求利润最大化。企业所生产的产品最终进入市场，销售给用户，那么在交易过程中，利润源在哪里，如何更好地发现利润源？与贸易伙伴进行经营活动时，怎么去发现利益点，实现共赢？

能否发现利润点，是一个企业能否持续保持较好、较快发展的前提，作为投资者，利润才是投资的最根本原因，**那么如何判断已发现的项目是否具有利润点呢？**

成本测算。利润往往是在贸易中产生的，首先是对所操作的贸易运作进行分析，具体了解其产生的“毛利润”有多大，然后根据本公司实际情况来分析，需要投入多少，并考虑到其他因素的影响，确定最终“净利润”，再进行投资活动。

风险测算。投资会伴有一定的风险，而规避风险正是各企业都要做的，这需要考虑到资金风险、营销策略风险及信用风险，任何一个环节出现问题，都会导致投资的失败。因此，风险的测算是最重要的。

寻找利润源、利益点是一个企业生存发展的必要手段，在商业活动中，我们首先要做的就是要完善自己的商业经营模式，做到尽量没有让对手发现的“痛点”，从而取得利润和利益，达到与其他企业共同获利，保持本企业的健康持续发展。

那么，在发现利益点后，企业如何更好地维护自身利益和取得更多利益呢？

商业活动中存在比自己弱的对手，也存在比自己强的对手，也许与我们正处于合作关系的客户，就是我们的竞争对手。当然，商场上有句话叫“没有永远的敌人，只有永远的利益”，当能实现共赢时，既是竞争对手也会是最好的贸易伙伴。那么在充分了解到其他企业实际情况后，我们要做的就是，寻找对方的弱点，发扬自身的优势。

资源互利，利润共享

每个企业都想赚钱，但大家各具优势，却又相持不下，为什么不能提出合作方案呢？如果将资源看成是一块蛋糕，有人喜欢吃上面的水果，有人喜欢吃中间的奶油，也有人喜欢吃下面的面包，只凭一人力都无法吃完整块蛋糕。如今，越来越多的企业重视“合作”，正因为他们对同一事物的关注点不同，所以更容易形成“联盟”，这种共赢的方式，不但能创建和平、高速发展的新时代，而且企业也能在合作中不断强化自身优势。

“资源互利，利润共享”是每一个企业都希望达到的理想局面。在竞争如此激烈的环境中，各行业的企业对资源的抢夺更为激烈，每个企业都对资源的控制力度加大，以保证自身需要的资源。资源包括信息资源、人力资源、原材料资源，如何能达成共识，共享资源，然后实现共同的利润，才是现代企业发展的重要思路。那么，我们怎么去取得资源呢，怎么利用手上有限的资源去与其他企业交换，来实现公司利益的最大化呢？

企业自身的商业模式是什么样的，采取的是什么样的经营方式，所生产的产品在行业里的需求情况怎么样，外在资源需求量的大小和重要程度，企业要将这些作为重要事项去分析，从而发现可利用的资源。在本章第一节中，重点介绍了几种资源类型，下面介绍这些主要资源在我国的现状。

信息资源现状。我们多次提到了“信息”这个名词，在目前市场经济开放的环境中，信息会决定某一个企业在某一个时间段的盈利水平，而盈利水平的高低直接影响企业的运行质量。这是为何近几年来各所大学对经济学和市场影响如此推崇的主要原因。

人力资源现状。在国内，人力资源相对于国外来说问题并不很突出，当我们还在为剩余劳动力费尽心力的时候，国外人口已出现了负增长。但是企业内部专业技术较强的人才与国外相比还是有一定差距的，因此对于企业来说，高新技术人才的培养也是公司发展的后备力量和基础。

此外还有物流、社会关系、资金等的资源类型，企业应该为手中的资源找出路，使手中的资源变成更高的利润。

那么，企业之间资源交换是否重要呢？答案是肯定的，目前国内的国有企业与民营企业、与外资企业之间的优势、劣势各有不同，但要优势互补，必须要经过相互的资源交换，从而达成共同发展的目标。

企业与企业间合作的案例有很多，下面来看一个案例：

北京A公司主要经营家用电器，与国外B公司相比，技术方面还是有一定的差距，但在广大消费者心中，A公司是老品牌，是国内著名企业，在该区域内有稳定的销售网络。而B公司在家电技术方面更为先进，但销售渠道一时间难以打开。经过一段时间的市场博弈之后，A公司和B公司选择联营，由B公司对A公司进行入股，并提供专业技术人才，对A公司进行创新变革，而B公司则利用A公司的销售渠道，获得了消费者的认同，两家共同取得了较好的收益。

从上述案例中可以看出，资源互利其实也是企业发展的一种重要手段，是实现双赢的基础，也是优化双方商业模式的试金石。

发现关键，实现控制

想要赚钱，企业必须将所需的资源牢牢把握在手中，对于那些“自己不需要，其他人需要”的资源，也要懂得及时放手，才能开启资源共享的良好开端。值得注意的是，企业不可能将全部资源掌握在手中，所以需要对其中“关键”部分进行有效控制，核心资源同核心优势应当匹配，才能带动利益链上的所有环节。

企业拥有很多种资源，但是能够影响利润的却非常少，对于管理者来说，只要将关键资源牢牢把握在手中，并且实施有效控制，企业就可能会不断获利。

很多企业说：“我希望企业的资源越多越好。”话虽如此，可资源一旦堆积在企业，就会变成像“垃圾”一样的东西，其中还隐藏着有用的资源，如果需要调用有用资源，很难在短时间内找到，而且多种资源长期“存放”在一起，也不便于管理。

如今，人们在出行前，会在“携程网”订车票和酒店，还会了解景点的信息，请问，网站上的哪一家酒店是携程开的？没有！因为它只是一个提供平台的企业，吸引其他企业发布信息，携程网只要做好后台的技术支持就可以了，这正是它最宝贵的资源。

有时候，企业只要掌握了一项资源，并且不断完善它，就能够首先实现持续暴利，因为这个资源正是别人所缺乏的。

当然，企业也不能因为手上有资源而沾沾自喜，如果不求进步，资源就有可能被其他公司复制。

那么，**企业如何对核心资源实施控制呢？**

首先，了解企业中什么才是最赚钱的资源，并且分析能够赚钱的原因。这就需要先弄清楚企业的核心资源，这是进行控制的前提，企业中有很多资源，但是真正能够赚钱的并不多，找到它们，并且分析是如何利用它们赚钱的，将有助于企业找到“关键”中的“关键”，同时，将资源分解也是重新认识企业核心资源、实现控制的好机会，看看其中还有哪些环节，自己没用上。

其次，做好资源“控制”工作，这也是“商业秘密”。核心资源就像一棵“摇钱树”，不能让别人知道你把它种在了什么地方、如何培养它的，否则就有可能被其他公司抢走。

在实行资源控制方面，企业应当把握“度”，不能过于放松，也不能过于抓紧，这都会引起整个运营过程的“不适”。值得一提的是，通过核心资源，企业可以设计出很多衍生产品，从而丰富产业链上的内容，这也是企业获利的重要环节。

M立方商道逻辑：重塑资源，重构战场

M 立方商业模式的有效之处，在于它能够将资源放在合理的地方。起初，资源有可能过于松散，或是没有摆在正确的位置，导致企业力量无法集中。这时候，企业需要重新整合资源，其方针是：我需要的，牢牢把握，其他的，分配给需要的“客户”。如果大家都舍不得“放手”，信息就无法得到交流，商场如战场，只有懂得合理使用资源，才能获得最终胜利。

企业在进行资源整合的时候，都要考虑如何规划核心资源。

每个企业都存在优势，为什么不将这些优势综合起来呢？如A企业的销售能力很强，B企业的研发能力强，就可以利用A企业的销售能力，加上B企业的研发能力，或许还会出现一个生产能力特别强的C企业，可以将他们打造成更强的“联盟”。

当然，你也可以是“联盟”中的一员，只要保证自己的优势不被别人复制就可以了，并且还要成为“联盟”中不可或缺的一部分，这就是核心能力与资源整合的关系。

M立方商业模式中，其中一个环节就是要求企业打造自己的核心竞争力，并且成为资源整合过程中，不能缺少的一部分。如果你在某一方面特别优秀，别人就会主动找你合作，当然，这是互相利用的过程，不过你应当庆幸，自己还有被利用的价值。

如今的企业都抱着“有钱大家赚，大家才会有钱赚”的思想，共赢的局面为很多企业开启了保持暴利的平台。

以前做生意，一边是供应商，一边是客户，企业作为中间人，就能赚取“运输+劳务”费用；如今，企业更重视把资源集中到一起，这不仅可以享受自己的资源，同时也能利用其他企业的资源获得报酬。

淘宝网、京东商城、沃尔玛、家乐福，他们都是资源整合后的结果，公司擅长“搭台”，然后吸引那些能够创造价值的品牌进来，从而实现共赢。

企业想要通过资源重组获得更多价值，就要善于发现利益相关者的资源，并且合理地利用它们。

如何才能实现资源重组呢？

首先，大家的目标必须一致，或是理念相同。如果A想去北京发展，你也有同样的想法，并且做的都是同一行业的工作，你们就可以进行资源重组。还有另一种说法，A 的经营理念和你基本一致，都希望通过创新的方式，将企业推向一个新的台阶，你们也可以形成“联盟”。

其次，资源互补或是能力互补的企业，也可以进行重组。如 A 有一条先进的生产线，B 有一支强大的销售团队，或是 A 能够生产出成本较低的产品，B 能够将其卖到高价，当双方都非常羡慕彼此能力的时候，就可以进行资源重组了。

再次，机会当前，自然能够进行“资源互补”。如果 A 和 B 同时参加了某场商业活动，并且同时发现商机，就可以采用资源互补的方式，共同完成这项计划。

最后，环境相当也是进行资源互补的前提。我们经常会看到，山东企业与韩国企业的合作很多，黑龙江企业与俄罗斯企业的合作也很多，这是由于他们在地域上相差不多，更适宜将对方的产品拿到本土销售。

第十章　业务管理，内忧外患一起解决

及时转型，利用多渠道推进销售业务

过去的交易中，企业通常用“资源重组一招鲜”方法，每经过一段时间，都会进行一次改革，再次将资源合理分配，以达到盈利的目的。可是，如今的市场呈现多元化趋势，单凭资源重组已经无法满足市场的需求，想要利用资源重组解决问题，必须先确定好范围，这是因为当下企业的管理已经被细化，粗放的方式不适应当前的发展。

很多人通过资源重组的方式，令企业赚到了很多钱，但是随着市场情况的不断变化，这点“小伎俩”已经不能适应今后的发展；长时间使用核心资源，企业也出现了疲惫，客户开始“审美疲劳”，当企业面临内忧外患时，就需要及时转型，进行科学的业务管理。

当企业的定位、盈利模式和关键资源都被设计好之后，最关键的部分是如何管理业务系统。这分为内外两个方面，一方面要求内部员工有合作精神，另一方面要求其他利益相关者的合作也要开展起来，企业的内外活动都会对利润产生影响。

陕西电视台分为很多频道，其中的科技频道很少有人关注，电视台每年还要花费几百万维持，于是，想到了将其转型为电视购物频道。不过这个电视购物频道与其他的不一样，没有依附其他品牌，而是自己来干。起先，频道找来 100 个接线员，设计了频道相应的呼叫中心，但凡销售商品的卖家都能来找它，电视台免费帮对方录制片子，然后放在电视购物的频道上播出，这个过程不需要缴纳任何会费，电视台只要求对方在商品卖出去之后，给予一定的提成即可。

电视台开出这样的条件，商家肯定愿意，结果呢，这个电视购物频道一年的收入就有好几个亿。

可见，全部靠自己运作的时代已经过去，如果商家能够运用多重渠道，那么你的业务系统运作起来就会容易很多。

借助他人之力完善业务系统

每个人都有"糖果心理"，当自己做了好事后，就希望受到表扬。商场中，企业要随时准备好"糖果"，当商户需要的时候，马上分给他们，他们只有尝到了甜头，才会继续尽全力合作，简单地说，甜头就是动力，只有商家舍得给，对方才更有积极性。

某次，一位小朋友跑到我跟前，对我说："我刚刚帮您清理了烟灰缸。"我微微思考了一下，马上从口袋里拿出几颗糖给他，小朋友非常开心，说："我下午再来帮您清理烟灰缸。"

由此我想到，在商场中，商户都有"糖果心理"，假如对方给你带来了利润，肯定希望你有所回报，而这些回报会成为对方不断前进的动力，这是帮助商家更好地完善业务系统的必要因素。

只要有好处可以得，你的身边才会出现合作者，换做谁，都会保持这样的态度。

一个人在友邦人寿卖保险，并且连续8年都是该地区的第一名。最初的三个月，他一单保险都没卖出去。第四个月的某天，他来到一个客户家，对方购买了保险，等到交易结束后，他没有离开客户的店，客户对他说："你还不离开吗？"

他说："我要留下来为你服务。"

客户只好说："那你坐在这里吧，我有事叫你。"

下午5点钟，店打烊了，他也跟着下班，第二天，他又来了，还是说要为客户服务，接下来的好几天，他都出现在这个客户的店里，并且给他帮忙。

一周后，当他再次来到店里帮忙的时候，对方说："我给你介绍了8个需要买保险的人。"

可见，当企业适当回报客户的时候，对方会被你的行为所感动。想要赚更多钱，最好的办法就是让大家都行动起来。

这时候，需要注意一个问题：这些美好的合作，最后是否可能会因为一份不够规范的合约而泡汤？

所以说，当有一套完整的业务系统后，企业还需要做好两件事：首先，完善合作契约，其中必须有严谨的保障条款。其次，当一切都准备就绪，还需要企业对大众进行教育，争取在短时间里认同这个合约。当然，想要为合作储备更多人才，企业还需要积极训练他们，这才是真正搞好合作的关键。

“取诚信”和“舍利益”的博弈之战

不少企业容易陷入误区：一定要获得更多利润，必须抢占更多市场，才能有更高的市场占有率。这个想法会滋生管理者的“贪念”,就像人一样，企业也会面临“精力不够”的问题，如果全面开花，企业恐怕很难适应，尤其是那些还处于起步阶段的企业。古话说：有舍才有得。优秀的管理者会在“取”与“舍”中间进行选择，当然，这是一场艰难的博弈。

业务系统包含很多环节，有需要积极把握的核心资源，也有微不足道的部分，老板们总是想获取更多利润，因此，会将这些资源全部放在怀里不肯撒手，可是结果并不尽如人意。不懂取舍，就难以赢得最终的胜利。譬如，很多企业在诚信和利益面前会因取舍不当而步入迷途。或许，这样的企业更应该向阿里巴巴学习。

阿里巴巴是一家电子商务平台，不仅拥有最先进的理念，还有一支优秀的团队，大家之所以选择阿里巴巴，是因为它具备完善的诚信机制。也许会有人说，电子商务是网络世界的虚拟平台，如若绕开“诚信”而行之，可能会牟取更多的暴利。但阿里巴巴认为，由于网上购物的买卖双方没有机会见面，相互之间的信任就显得尤其重要了。可以说，诚信虽然带走了暗箱操作、牟取暴利的机会，但却带给了阿里巴巴第一笔财富，之后的交易也是在诚信的基础上产生的，所以马云将其看得很重。

作为阿里巴巴最核心的素质之一，诚信机制为其创造了不少收益，但与此同时，马云还发现了另一个更重要的资源——物流平台。

2010年，阿里巴巴投资了300亿元建立了自己的物流平台，在国内拥有了自己的物流渠道，通过收购、并购等方式，阿里巴巴成为国内最大的电子商务平台。

企业为什么愿意同他合作？是因为其公司具备成熟的诚信机制和信息量丰富的优势。从阿里巴巴的角度说，既然目标是要建立物流渠道，就要先吸引相关企业入驻，虽然减免对方的加盟费，阿里巴巴会少赚一些钱，但对实现长远目标是有利的。这就是“取诚信”与“舍利益”的智慧。

可见，在管理业务系统的过程中，企业会看到很多“利润点”在向你招手，但是你要学会取舍，不能一直抱着那么多资源，否则会令前进的脚步变得沉重，应当学会放弃，只留下最强资源。

为你的狼群找一匹头狼

千军易得，一将难寻。在商战中，企业想要脱颖而出，也需要有一位得力的干将，老板作为领导人物必须通过观察下属在日常工作中的言行，判断他是否具备“将军”的能力。狼群中，必须要有一匹头狼，带领大家前进或是改变方向，当企业有了这样一位具备号召力的人物，大家的劲儿才会往一处使。

当业务模式建立后，之前零散的团队就会变成一个整体，这时需要一个“领头人”，通俗地说，就是给狼群找一匹头狼。

问题的关键在于如何寻找？

首先，按照能力来划分。虽然大家是因为各自具备优势而走到一起的，但是不同企业的能力却不尽相同。谁的能力更强，谁能带领大家进行一系列业务活动，并且获得收益，谁就可以成为那匹“头狼”。

其次，按照掌握资源的程度来划分。虽然各项资源在企业活动中都占有非常重要的位置，但是有的资源很稀缺，如某公司具备一项先进的技术，在全国范围内都屈指可数，甚至可以说，没有这个资源，其他一切活动都是“白费力”。那么，企业中能够掌握这一资源的人，就可以将其选作“头狼”，因为这个技术就是整个商业模式中的亮点，当对方拥有“头狼”位置的时候，就会竭尽全力为整个团队努力，企业的整体效益就会增加。

实际上，选择头狼的出发点，就是要为企业选择一个能够带领大家创造效益的“带头人”，以上介绍的两种方法，都能选择到这样的带头人。

相互牵制，利润才能最大化

作为一个团队，企业中的各个环节、要素都具备各自特点，在日常工作中，这些要素相互独立，却又需要有机结合在一起，才能形成产业链条，各个要素之间相互牵制、影响，企业才能获得更多利润。

A ~ Z 每个字母都是英文字母表中的一个元素，缺一不可。同样，企业生产线上的各个环节构成了执行任务的流程，而每个环节中，不同的要素又构成了单独的工作项目。在任何业务模式中，每个要素都是价值链上的一环。不要认为他们之间没有密切联系，事实上，这些要素、环节之间是互相牵制的，没有谁都无法完成任务。在一起合作的每个个体不断扩大影响力，才能使利润最大化。

例如，A 企业拥有一条非常先进的生产线，B 企业有一支强大的销售团队，C 企业的设计团队非常厉害，他们为了实现目标，共同完成某项任务。

经过市场调研，发现用户非常喜欢 H 型小家电，它集聚了客户对小家电的全部要求：外观小巧精致，使用方便，质量优异，性能好，于是投入生产。

首先，设计部门要设计出产品的外观，却要结合生产实际，因为有些设计在生产过程中是行不通的。

其次，生产出来的产品要与图纸一致，待成品生产出来后，设计人员还要进行研究，看看有没有需要改进的地方，销售人员可以先拿一部分样品去销售，或是让用户体验，再进行信息反馈。

对于生产者来说，他们需要得到设计者的一份完善合理的设计图纸；对于设计者来说，销售员的用户反馈非常重要；对于销售员来说，他们需要生产者生产出做工精良、能够让客户感兴趣的商品。可见，业务模式中的各要素之间有着非常紧密的联系，并且相互能成为牵制，而这种牵制能够让企业发挥更大优势，并且最终获得更多利润。

M立方商道逻辑：管理业务，解决问题

面对纷繁复杂的业务，企业必须将其管理得井井有条，才能够形成一个有机的整体，从而为公司创造效益。然而，现实并非这么顺利，因为与业务相关的人很多，大家不仅立场不同，对工作的见解也不同，所以容易产生分歧。M 立方商业模式的制定，能够让大家从全局的角度看待企业事物，解决问题的方式也不再单一化。

管理模式的成功不能完全保证企业的商业模式得到良好发展。管理重在解决问题，因此，辅助管理者解决问题的业务系统同样重要。如果一个企业没有成熟的业务系统，那么即便其定位明确、销售状况良好，也只是短期的表象。注重业务管理，解决问题才是企业在市场竞争中的关键。

M 立方商业模式中的业务管理，涉及很多方面。为什么企业想要完善自身的商业模式，就必须注重其业务的管理呢？

首先，业务的管理不仅是企业业务运营的问题，而且是管理的问题。业务管理这一名词中，侧重点是“管理”，因此，企业的业务管理，不仅是对于员工业绩、企业销售额等数据的统计和控制，更重要的是，管理者必须亲身参与到管理的过程当中。只有经过管理，管理者才能意识到企业所面临的问题，并且针对这些问题提出解决方案，以便有效进行优化。

其次，业务管理能够有效地帮助企业解决很多实际问题。并不是只要管理了，企业就能无往不利，而是要通过管理来解决实际问题。如某电子产品加工企业，最重要的是生产方面，有的员工流水线作业生产量是其他员工 2 ~ 3 倍，但是产品质量的合格率相对较低，这就需要管理者进一步研究怎样提高产品的合格率，从而保障企业的信誉度。

最后，业务管理是对企业营销、人事管理流畅度的一种考验。业务管理，就是对企业过去规划的整合能力，对当前目标任务的完成能力，以及对企业未来计划的规划和预测能力。拥有一个完整的业务管理系统，可以帮助企业发现问题，并可以规划未来。

M 立方商业模式中的企业，该如何管理自身的业务系统呢？

从营销方面来看，M 立方商业模式不是单纯地依靠数量取胜，而必须注重营销的成功率。营销成功率高，说明企业的业务系统相对完善，客户对于企业较为满意。所以，企业必须重视营销的成功率。

从企业价值的角度来看。业务能力是企业价值的体现。企业与客户接触的，不仅是产品，还有其品牌、文化与服务，这些要素综合起来，就是企业的价值。企业价值，能够深刻影响客户的消费观念和消费意愿，也就是说，越是拥有优秀业务水准的企业，解决问题的能力就越高。

总之，企业必须找到适合的方法，进行自我分析和评估，尤其是针对企业自身的业务问题，企业必须反省——我有没有一个相对完整的业务体系？我的业务实现的流畅度是否合乎理想目标？如果不是，我该如何完善？只有了解了这些信息，企业才能找到解决商业模式问题的捷径。

Part 3

中国企业如何颠覆模式突破创新

第十一章　颠覆传统模式突破创新的途径

定客户：他们是我的准客户吗

说起客户，不少企业将其分成固定客户、零散客户和准客户。如今，越来越多的企业，将目光放在准客户上，这种颠覆传统模式的途径，令很多企业获得了益处，不但因为“准客户”的数量很多，而且大多在某方面有需求，或是已经对你的产品感兴趣，与其花时间去寻找客户，不如搞定你的“准客户”，不仅降低了成本，还能起到一定宣传作用。

对于企业来说，定位是一个最为重要的环节。企业的定位实际上可以划分为市场定位、客户定位和企业自身的性质定位三个部分，其中最根本的是企业的客户定位。

对于客户群的定位很多企业认为简单——我生产服装，还怕没有人穿衣服吗？我开饭店，还担心没人来吃饭吗？其实，客户群的定位没有这么简单。每一个客户的收入水平、文化水平、家庭背景、消费观念等，都有着很大的区别，不能只根据其中的一点进行区分。科学的办法是，综合上述所有的（包括或未包括的）信息，对客户群进行综合的评判。

客户群对于企业的重要性是不言而喻的，没有客户，企业的发展将步履维艰。企业只有建立了忠实的客户群，才能在营销、宣传等商业活动中节省大量的人力、物力，从而帮助企业以最小的成本获取最大的利润。

怎么找到自己的准客户群呢？

最有效的方法，就是根据企业性质，找出潜在客户。企业生产某种商品，其最终目的是将这种产品推销出去，让客户喜爱。如某客户需要充满朝气和青春魅力的服装，那么服装厂就应该生产该类型的产品，以迎合顾客需求，才能让顾客满意。

考虑客户的消费能力也是企业应该注意的问题。顾客的消费能力因其收入水平等因素，而存在差异。因此，企业应该结合自身产品或服务的特点，确立服务对象的消费水平，才能更为精准地进行客户群定位。

定需求：客户的需求到底是什么

成功的企业，会将客户需要的东西卖给他，甚至对方会主动来买，这就需要企业先了解别人要什么，再对产品的设计、生产、宣传、销售工作进行指导。可以说，客户的需求是企业发展的目标和动力。

在确定商品前，首先要知道客户需要什么，尽管企业有很明确的目标，并且每日花大量时间去寻找客户，但是并不知道用户最终要什么？这样一来，你的产品就很难获得他们的认可。优秀的管理者应当意识到，客户的需求是被不断发掘出来的，正因为对方所属的行业不同，从事不一样的工作，性格差异也很大，想要获得令他们满意的商品确实不容易。

随着市场竞争越来越激烈，企业要建立科学的商业模式，必须弄清楚客户的需求是什么。

首先，商品最直接的作用，是满足客户身体上的需求，但是终极目标是要让精神获得快乐。我们生活中的“衣食住行”，都要相应的商品来解决。你是否想过，为什么创意独特或是造型新颖的产品，更容易受到客户的欢迎？为什么消费者会选择穿着舒适，并且式样好看的衣服？为什么旅客要去住便宜又干净的酒店？为什么客户要选择快捷方便的交通工具？答案只有一个，因为能够满足客户在身体和心理上的双重需求。

其次，让客户看到商品价格背后的价值。当商品被赋予一定文化内涵的时候，它也会变得畅销，这就是产品的增值过程。企业应当意识到，一旦客户认定商品是有价值的，那么他们就会购买。如母亲节，企业会推出一系列活动，通过宣传这个节日，以达到销售产品的目的。当消费者认定这不是简单的购物，而是在向母亲表达爱意的时候，就会产生购买动力。

可见，客户越来越关注商品背后的价值，这就是客户想要追求的“效果”。

定行业：未来发展是否被看好

没有目标的企业一定会被淘汰，因为对未来的规划和脚踏实地地“走路”同样重要，随着市场竞争的日益加剧，能否长远发展成为企业最关心的问题之一，既然制定了目标，就应当朝着该方向努力，做事情前，要考虑是否对目标有利，只有这样，企业才会有更好的发展和未来。

在建立商业模式前，企业应当考虑如何选定行业，市面上很多传统行业非常“火爆”，同时也不断出现新型行业，如 20 年前根本没有电子商务，如今电子商务却蒸蒸日上；新浪微博、微信等“微营销”也表现出很强劲的实力。行业的出现，与客户需求有非常密切的联系，随着客户需求的变化，企业应当不断进行改革，以适应客户的变化。

在定行业的时候，需要考虑：我选择的行业，将来有没有发展前景呢？回答这个问题，需要企业注意以下细节：

首先，受欢迎的行业，一定能够满足客户的需求。以前，客户的需求只是“衣食住行”，而现在，大家更注重精神上的满足，所以出现了很多具有创意的行业，如专为客人提供自拍服务的影楼；为客户提供 DIY 做蛋糕和饼干的美食店等，这些都能让消费者获得精神上的愉悦，并且有越来越多的人喜欢这类活动，所以市场前景还是很乐观的。

其次，定行业一定要结合分析企业内部情况，并且根据分析市场环境的变迁规律，从而找到更适合的行业。即便几个企业选择了同一个行业，每一家的发展情况都存在很大区别，正因为每个企业的情况不同，大家选定行业的时间不同，所以今后的发展会存在很大差异。

在选择行业的时候，应当充分考虑到这两点，必要时还要对其中的细节进行调整。

定产品：红海蓝海，向左向右

市场由两种海洋组成：红海和蓝海，前者代表如今存在的所有产业，也就是已知的市场空间；后者代表还未开发的产业，也就是未知的市场空间，红海中的一切都被人们熟知，如商业规则和行业发展情况，企业之间存在竞争关系，双方相互厮杀，就是为了取得更多市场份额，随着市场空间越来越拥挤，红海的竞争越来越残酷，竞争已经激化，因为招招见红，所以被称为红海。

作为一个未知领域，蓝海极具吸引力，因为还没被开发，能够给企业提供更广阔的空间和无限机会，当然，这也需要企业具备创新能力，一旦在这个领域获得成功，将获取高额利润。

关于如何定位产品，企业各执一词，并且都有充分的理由：

一种认为，产品定位应当运用红海战略，因为这个领域中，有成文的规则，又有前人的经验，虽然有无数竞争对手，这却能带给你压力的同时，也带来动力，因为在这里，一切都是可以预测的，并且已经制定好游戏规则，这无疑是对所有企业的约束。

另一种认为，产品定位应当进驻蓝海，在这片区域中，企业相对自由，并且在短时间内没有竞争对手，企业能够集中力量做市场调研、设计和整理思路，最终形成能够使用的产品。然而，这个领域存在很多不确定因素，企业会担心，没有人喜欢自己的产品，或是投入的资本会“打水漂”。

在如今的呼声中，蓝海战略的支持者更多一些，它的核心战略是开拓新市场，并且创造新价值，这也反映了国内企业的核心竞争力弱和投机心态较强。中国企业面临非常残酷的局面，企业都希望找到一条出路，甚至可以说，中国市场是全球最残酷的，因为在这里，能够看到最惨烈的竞争和最糟糕的情况。

在产品定位的过程中，红海战略更加重要，当企业了解到竞争本质就是微利的时候，一切都会变得简单，中国企业已经从粗放型向综合实力发展，如20年前的家电行业，利润有百分之几百，而如今连百分之十都不到，企业已经意识到市场已经进入了微利状态。

与其将产品定位于蓝海，或是苦苦寻找蓝海，不如将时间放在调整战略结构上，利用身边的利益相关者，找到更多发展渠道，从而让企业获利。

定盈利模式：短期利润还是长期利润

身处交易市场的投资者，都希望成为股神巴菲特一样的大师，他们向往长期利润，但真正进入市场后发现，现实比想象中糟糕而且残酷，看上去不仅毫无规律，而且掺杂着很多不利因素，为了使资本更加安全，企业不得不改变原来的方法，变成渴望短期获利。

我曾看到过这样一句话："请你记住，抛弃短时间的暴利才能真正做到长期盈利，短时期的暴利是不稳定的利润，它只会破坏你的交易一致性和稳定性。"

很多人羡慕巴菲特的智慧和财富，实际上，他的年利润长期也只有20%左右，这对很多怀着强烈赚钱愿望的人来说，并不具备吸引力，然而企业在设计盈利模式的时候，需要具备长远眼光，因为企业的目标是希望能够长期获取暴利，其中的关键是长期。

为了获得短期利润，很多企业通过不断提高营业额和减少成本的方式，让企业发展陷入了僵局，正因为管理者不具备长远眼光，所以令企业无法获得持续暴利。

那么，**企业如何做才能掌握长远利益呢？**

首先，不要吝啬让用户体验，也要让合作人尝到甜头。这个过程中，企业很可能会保持微利或是做“亏本生意”，但是这种做法会令产品在市场中占有很重要的份额，或是受到客户、合作伙伴的支持，对将来的发展大有好处。

其次，当企业有了长远目标或是规划，在进行具体工作的时候，才“有章可循”。一个连长远目标都没有的企业，如何定位自己的盈利模式呢？光有目标还不够，当企业要完成一件事情之前，都应当考虑做这件事情，是否有利于完成长远目标，这样就会避免被短期利益“迷惑”的情形。

要想企业能够长久发展下去，必须克服被“短期利润”迷惑的可能，要将目光放在长期利润上，正如西门子的那句名言：不要为了眼前而放弃长远。在制定盈利模式的时候，应当多关注企业的长期获利能力，可以通过一系列有效投资，或者尝试放弃与结果无关联的项目，从而获得最终的成功。

定管理方式：自省现有方式是否高效

商业模式的另一个重要内容，就是管理方式。管理方式的好坏，直接决定着企业的商业模式是否能够充分发挥优势，并且对于企业的短期和长期发展，都有着非常深刻的影响。在很多企业中，管理方式甚至成为管理者主要的研究对象。因此，企业在决定要使用何种商业模式之前，必须考虑自己的管理模式是否与之匹配，现有的管理方式是不是高效、便捷的。在确定商业模式、并将其逐步落实的过程中，也必须注重管理模式的不断调整和优化。

管理方式包括很多方面，如企业的销售管理、宣传管理、财务管理、物流管理、员工管理、制度管理、后勤管理等，可以说是涵盖了企业运营的各个环节，所以管理方式在商业模式中的重要性可见一斑。

因此，在决定企业的管理方式的时候，企业必须在这些方面，进行恰当的"自省"，才能找出当前管理方式的优势与劣势，由此当确定新的管理方式的时候，便于保持和发扬原有优势，改进劣势，使得企业的管理方式更适合企业的长期发展，获取更多的利润。

企业管理方式的制定，可以分为前期、中期和后期三个环节，其中以前期和中期最为重要。前期准备和筹划，是对管理方式的最初构想和创建，需要通过长期的市场观察和企业内部的调查研究才能决定，而一旦决定，就必须坚决实行。中期管理方式的落实，是对其具体有效的实践，是检测该方式是否适合企业当前的商业模式。后期则是对管理方式的反馈，注重信息的收集和数据的统计。

那么，**如何审核企业自身的管理方式呢？**

管理方式的针对性。企业的管理方式必须极具针对性，才能帮助企业解决很多细节方面的管理问题。如针对生产部的管理，就必须将重心放在产品的生产和加工方面；对于财务部，就要注重对于员工的监管和账目的审查。按照部门、员工职责、企业性质等标准，将管理方式细化，单从这种细化程度，就能看出一家企业的管理方式是否足够清晰。

从企业利润来看效率。一般来说，企业的商业模式是否成功，是可以通过企业的长期或短期内的盈利状况进行判断的，管理方式也是如此。一个相对成熟、完善，适合企业的管理方式，所带来的必然是企业业绩的持续增长，并且收益效果要远强于之前不完善的方式。因此，企业的利润就是管理方式成功与否的一个侧面判断的标准，能够看出该方式对于企业是否适合。

从员工角度看问题。员工的观点永远比管理者自己所能看到的要真实、具体很多，这也是为什么员工的意见在管理方式的评判中重要的原因。管理最主要的对象就是员工，员工能够真切地体会到某种管理方式是否对于他们有作用，更能够为企业管理方式的改进提供一个正确的方向。所以，在自省管理方式的时候，不能忽视员工的看法。

销售、返单流畅度。另外一个值得注意的是，企业的销售（签单）流畅度和返单流畅度，这两者是一家企业对外的工作重点，没有签单和返单，企业不可能有收入，更不用说利润了。而一个成熟合理的管理方式，必然能够促使销售方面取得极大的进展，也能让这两大环节的操作难度下降，进一步简化、高效，企业的利润自然就会持续增加。

定自身位置和优势：我还能撑多久

总之，企业要发展，就需要一个良好的、适合自己的商业模式，也就是需要属于自己的精准客户群、客户需求分析、行业发展定位、产品性质定位、盈利模式规划以及管理方式的制定。这些综合起来，才是一个完整的、行之有效的商业模式。

如果我不会给自己定位怎么办？定位自己的企业需要注意哪些方面？我的企业优势和劣势分别在哪些地方？只有明白了这些问题，才能知道自己的企业还能撑多久。

要学会给自己的企业定位，看清自身所处的位置。以下四个方面，虽然并不是一个商业模式的全部环节，但是能够反映出企业定位的几个最主要的问题。

首先，要看企业的性质定位。企业的性质，也称属性，是企业的立足之本，更是企业在创业初期就必须了解和确立的。如果没有一个良好的企业定位，在之后的发展过程中必定是举步维艰的。如在义乌，打火机、指甲钳之类的小商品非常火爆，如果一个企业决定在那里开一家奢侈品店，既不能充分利用当地的商业环境和资源，也显得与整体市场格格不入，发展起来就不会顺利。

其次，企业的客户定位是否明确。客户是企业运营的基础，也是企业力求寻找的，必须建立起属于自己的客户群。客户群一旦建立，并且定位精准就能够给企业带来持续的利润。如某运动品牌服饰，将客户定位为 16 ~ 30 岁的年轻消费者，产品才会受欢迎。

再次，企业的市场策略。企业的市场策略应该是多样的，可以根据其商业模式和市场状况进行适时地调整。但是，从大方向来说，企业的市场策略一旦决定就不能轻易更改。

最后，企业的产品定位。企业的产品定位是以外在条件为基准和参照物的，是要让企业自身进行调节，去适应客观环境的。因此，企业生产的产品（或服务），能否迎合市场及客户的需求就尤为重要了。一个企业不能想生产什么就生产什么，而是要看顾客需要什么、喜欢什么。只有将产品的定位先弄明白，才能真正让企业的商业模式运转起来。

企业了解了自己的定位以后，还需要明确自身的优势与劣势，这有助于企业进一步发扬自身的优势，改进模式中的不足，也就是所谓的扬长避短。

企业的优势发掘方式，其实非常简单。

第一，根据企业行业特点，进行优势发掘。如淘宝网店，其优势就是便捷、节约成本等。

第二，结合时间段利润统计，找出当月、季度、年度的利润增长点，能够促使利润阶段性增长，这都是企业的优势。

第三，收集客户反馈信息，客户普遍反映企业较好的方面，一般来说都是企业优于其他竞争者的资本，也就是独有的优势。

M立方商道逻辑：颠覆传统，突破创新

M立方商业模式其实是一种相对保守的商业模式，它在一定程度上是对于传统营销方式的一种固守。

这只是M立方商业模式的一个方面而已，M立方商业模式有时也是疯狂的，它是一种追求颠覆传统、敢于突破创新的力量，在很多时候可以帮助企业寻找新的利润增长点，从而帮助企业实现利润的持续增长。

因此，M立方商业模式并不是单纯的求稳，而是“稳中求进”。

所谓“稳中求进”，指的是企业要维持之前的盈利状态，需要稳定当前的经营状况，与此同时，创造新的利润增长点，也是企业必须思考的问题。

企业做到当前经营状况稳定的同时，如何进行颠覆和创新呢？

要经常对当前商业模式进行“自省”，保持良好的盈利状态。很多企

业之前的利润增长速度非常快，可是几年后，这种速度就会明显下降。对此，企业不需要太过担忧，因为这是一个必然的现象。企业要保持一个正常的心态，将企业原本比较稳定的、不易改变的环节维持下去，先稳固商业模式的根基，才能进一步要求创新——只有稳健的基础，才能帮助企业更好地突破。

开动你的"掘金"潜力，借鉴同行业经验，开发新的盈利项目。其实创新，并不是要绞尽脑汁地做与众不同的事情，更不代表企业要把大部分精力放在创新和新产品的开发等环节，那样做不仅有可能毫无收获，还会浪费大量的人力物力。所以，对于企业来说，借鉴同行业的经验，就能够很好地定位自身。举个例子，现在很多淘宝的大型网店，都有着属于自己的物流公司，将网络营销与线下销售结合起来，就能够节约成本，提高企业的利润。一些动画制作公司，可以考虑生产一些旗下知名动画人物的外延产品，如服装、首饰、模型等，都能给企业带来意想不到的收入。

总的来说，企业可以通过稳固从前的模式，从之前的业务中获得经验，而当企业吸收了这些经营成果的价值核心后，就能够很轻松的予以补充和创新，也很容易形成相对科学的商业模式。在原有基础上突破传统、锐意创新，这也是 M 立方商业模式的核心观念之一。

第十二章　中国企业商业模式，未来何去何从

透过中国商业模式的演化看未来变局

当前，中国的商业模式可以用“保守中不断发展”和“创新精神与求稳并重”来形容。也就是说，中国的商业模式是在朝着M立方商业模式不断靠近的。中国企业的商业模式，正在向从无到有、从有到完善不断演化。而国内的商业模式一旦成熟，就会有着自己的一套体系，其潜力和能量的发挥，绝不会逊色于欧美、日韩等企业的模式。

国内企业的商业模式演化情况很不乐观，有的企业发现不了市场的规律，就生产不出市场所需要的产品，有的企业找不出自己的客户群，利润就很难得到持续长久的增长。这当中，有定位无力的因素，但是最主要的是，这些企业并没有找到适合自己的商业模式，甚至是没有意识到自己的企业根本没有固定的模式。这样的企业，即便是短期内能够取得一定的利润，但发展久了，很多弊病就会逐渐暴露出来。

目前，绝大多数企业已经意识到，没有一个适合自己的商业模式，在竞争日益激烈的市场上，企业很难找到自己的位置，就会导致竞争力缺失。因此，越来越多的企业正在研究商业模式，也力求建立起属于自己的营销系统。

总的来看，国内企业的商业模式，是朝着纵向和横向两个方向发展的。

从纵向的角度来看，国内的商业模式处在一个从无到有阶段。在国外的商业模式已经成为一种理论的时候，国内的企业依旧处在一个摸索和学习的过程中。这一探索的过程，给企业带来的，并不是完全类似于外企的样板模式，而是富有中国特色的商业模式。中国的企业正处在这样一个从无到有的重要过渡期，有的企业甚至已经初步建立起了一个行之有效的模式并投入使用，当然有的企业还在苦苦追寻属于自己的框架和结构。

从横向的角度来看，国内的商业模式，正在从产生和出现，朝着多样化发展。中国虽然起步较迟，但是种类却丝毫不比国外的少。其中，最常见的是传统商业模式，类似于史前流派和发现利润区流派，都属于相对早期和传统的商业模式。还有就是中国本土圈流派，也就是我们所说的有中国特色的营销、管理方式。另外一种，就是各种形态的 M 立方商业模式，依据企业的不同情况发挥不同的效果。另外还有很多其他的商业模式，尽管侧重点和操作方法各不相同，但是其为企业牟取利润的目的却是共同的。

从以上这些商业模式的变化中不难看出，在未来的十年乃至二十年当中，中国的商业模式依旧可能面对一些变局，这些变局有小有大，但是无不与企业的生存和发展息息相关。面对这些变局，中国广大中小型企业该何去何从？

未来，企业的营销和管理或将不再受传统的营销模式的约束。业内人士已经发现，尽管现在传统的电视、报刊等营销方式依旧是当前营销的主流，但是随着时间的推移和科技的进步，网络营销、手机营销、电子商务等，也占据了营销市场的一席之地。因此，企业必须意识到营销模式的变化，及时接触新型的模式，才能帮助企业保持竞争力。

客户中心论在未来会进一步升华。客户中心论早在 20 世纪就已经被提出来，“顾客就是上帝”这一观念也早已深入人心。而未来，客户的地位不仅不会下降，反而会进一步提升。所以，企业必须重视客户的需求，为他们提供最好的服务，注重客户的售前服务工作和消费反馈工作，就能抓住客户的心，从而为完善商业模式贡献一份力量。

未来的营销中，销售更注重价值的传递。单单是商品本身质优价廉，已经不能吸引顾客的注意了，很多顾客在消费前会考虑企业的服务、品牌、口碑、文化等综合因素，而这些综合因素汇集起来，就是企业的价值。企业只有将自身的价值完整地传递给广大客户，才能促进企业的品牌整合和文化宣传，才能牢牢占据主动地位。

处处皆利润的商业模式结构从何而来

在刚刚接触M立方商业模式的时候，企业首先看到的词就是“持续暴利”，但是很多人都会抱有这样的疑问：何谓持续暴利？都说使用M立方商业模式能够实现处处皆利润，但是我并没有看到企业的利润点在哪儿。

没有看到利润点的原因有很多，最主要的就是没有认清自己的企业，没有做好企业的前期和中期定位，更没有发掘市场规律和客户群的所在。这样一来，在企业发展的每个阶段，都必将处处吃亏，而不是处处盈利了。一个风雨飘摇的企业，哪有精力去探索利润点呢？

下面是一个案例，看看案例中的企业是怎样做到“处处皆利润”的。

百圆裤业创立于1998年，并在同年走上了特许连锁的经营模式。截至2012年底，在全国28个省、市（自治区）共拥有1 700余家专卖店，在济南、武汉、广州、郑州等 14 个地区成立了区域物流中心，是一家拥有自主知识产权、进行品牌输出的服装营销企业。

百圆裤业是中国服装界最早走上特许连锁经营的企业，也是率先在裤装行业提出“无障碍退换货、终身免费熨烫、扦边”等先进服务理念的企业。百圆裤业的品牌已经深入人心，成功的运营模式也成了服装业商业模式创新的典范！

众所周知，对于服装零售业来说，品牌形象的建设很大程度上依赖于其营销网络的终端门店。百圆裤业通过统一的店铺形象设计和陈列展示，提供舒适的消费环境和贴心便利的服务，能使消费者提高对品牌的认知度，购物满意度和回头率也能得到有效的提升。同时，门店统一的形象对品牌推广起到了规模效应的作用，间接降低了品牌推广的成本，提升了产品的附加值。因此直营店开设有利于提升公司品牌形象，提高公司的核心竞争力，也有利于加强公司的持续盈利能力。

随着行业竞争的加剧，百圆裤业以市场为导向、以客户为中心，成了竞争中的胜利者。为抢占市场的制高点，赢得更多的客户资源，扩张营销网络、发展直营体系是市场竞争的需要，也是公司自身发展的需要。同时，加盟店与直营店并存，两种销售模式各自取长补短，使企业的整个营销网络处于一个多元化平衡发展的状态，百圆裤业的发展战略思路，符合当前服装行业营销模式多元化发展的趋势。

总之，一个好的商业模式的特点有：第一，公司会越来越“轻”，一个公司的固定资产占得越来越少，这是一个大的趋势。第二，公司变得越来越“软”，很多业务都是通过合约的方式，与各种利益相关者连接到一起，而不是自己去花钱，包括花流动资金。第三，成本结构要从固定成本的结构变成可变成本结构，每一笔成本都要与服务的产品直接挂钩。按照这几个趋势来看，百圆裤业的商业模式符合这个趋势。

百圆裤装产品的销售毛利率总体呈逐年上升的趋势，其主要原因是裤装产品平均销售价格的上升幅度总体大于平均单位成本的上升，毛利率上升的具体原因有以下三方面：

一是公司一直在积极推动产品结构的升级，不断提高高价位产品的销售比重。

二是近几年在国内原材料价格普遍上涨的背景下，百圆裤业通过集中采购，加强与石家庄梦凡希服装服饰有限公司等几家大的供应商合作，同时利用在采购环节降低赊销比例、提高货款预付比例、缩短采购货款的结算周期等方式，这不仅保证了裤装采购的及时和充足供应，而且有力地控制了采购成本。

三是百圆直营门店数量的逐年增多。截至 2012 年底，直营门店比例上升到了 31% 左右。也在一定程度上推动了公司毛利率水平的提高。

从直营店销售来看，近几年随着公司直营店销售和毛利比重的上升，百圆裤业直营销售对总体毛利率水平的影响在逐步增大，由于直营销售的平均价格相对较高，因而其毛利率水平也明显高于加盟店销售的毛利率。

值得一提的是，目前国内尚没有专门从事裤装生产或销售的上市公司，这是裤装行业和百圆裤业最值得称道的地方，也是连锁加盟商业模式中裤装行业做得最优秀的公司！

商业模式的定义，说穿了就是为实现客户价值最大化，把企业运行的内外各要素整合起来，形成一个完整的高效率的具有独特核心竞争力的运行系统，并通过最优实现形式满足客户需求、实现客户价值，同时使系统达到持续盈利目标的整体解决方案。

有调查资料显示，当今中国创业型企业的失败，23%是因为战略的失误，28%是因为执行的问题，而高达49%的失败是因为没有找到适合自己的持续盈利的商业模式。可见，商业模式对于企业的重要性。只有找到了合适的商业模式结构，企业才能处处皆利润！

完美商业模式的设计口诀

在企业定位、业务系统、关键资源、自由现金链、盈利模式、企业价值六大环节中，企业定位是前期最基本的准备和规划，中间的业务系统、关键资源、自由现金链、盈利模式这四点，则是属于企业的运营机制，只有将定位和运营机制做好，才能实现企业的价值，实现长久盈利。

要建立一个堪称完美的商业模式谈何容易，在这个过程中，生产、销售、宣传、服务、财务等任何一个环节掉链子，给企业商业模式的建立和完善，带来的都是灾难。因此，不论是企业的定位和自身的审查、其内部运营系统的监管和完善、关键资源的占有和利用，还是资金链的支持、盈利模式的控制等方面，都必须不留破绽。

所以，企业在设计完美商业模式时可以遵循一个口诀，以帮助企业在最短的时间内了解自己，进行自我评估和自我规划，这个口诀是：**企业定位占先机，业务系统看水平，关键资源要抓紧，自由现金须给力，盈利模式有方向，企业价值自然立。**

企业定位占先机。企业定位分为两个方面，一是企业自身性质的定位，二是客户群的定位，也就是市场定位。这二者，都是以市场的现状和需求为指向，因此一旦企业有着良好的客户定位，也明白自己的企业该做什么、不该做什么，相较于那些不能准确定位的企业，就能在抢占市场资源方面占据很大的优势。

业务系统看水平。企业的业务系统是一项关键因素，也是成功的商业模式所不可或缺的。业务系统的水平高，就意味着企业能够很好地制定发展策略，能保质保量地按照策略和目标完成任务，更能够通过高超的业务水准，制定下阶段的任务。

关键资源要抓紧。关键资源，指的是企业发展过程中所需要的最重要的资源，如宣传中，最需要的就是用户的反馈；制定制度时，关键资源就是对信息的收集；生产产品时，生产技术、原材料等，是企业的关键资源。抓紧这些关键资源，能够让企业在接下来的发展中事半功倍，更能节省大量的人力物力。

自由现金须给力。自由现金涉及企业的后勤保障能力，简单地说，也就是后备资金越多，企业商业模式进一步落实的保障也就越强。最好的金融策略，能够保证企业不出现资金流断流等严重失误，同时将资金投入到其他亟待解决的问题上，就能实现企业的长远投资和价值的最大化。

盈利模式有方向。企业的盈利模式，说白了就是其赚钱的方法。赚钱的方法有很多，但是一定要是最适合企业的。所以，企业能够在盈利模式上找到正确的方向就显得尤为重要了。最为稳妥、不容易产生偏差的方式，就是控制自己的客户。企业可以通过“控制”自己的客户，也就是满足其需求，来让客户“欲罢不能”，这样一来，企业的持续盈利自然是毫无问题。

企业价值自然立。有了上述的诸多保障，企业才能放心大胆地去建设、完善自身的商业模式，也有更多的精力去反省自身存在哪些问题，从而加以改进。久而久之，企业的品牌价值、商品价值必然打响，企业的整体价值也将因此提高。

在风浪尖口中重新定位

有很多企业的商业模式并不适合其发展，甚至是阻碍了其发展的进程。这样的企业，无疑是站在了风口浪尖上——改，还是不改？改，就意味着企业必须抛弃过去不适合的定位，重新建立起一套营销模式、管理模式，这肯定要冒相当大的风险；不改，则随着时间的推移，企业必将会面临更大的危机。

尽管企业要面临很大的危险，企业的重新定位也是势在必行的。那么，在此之前，企业就必须再次学习和了解，什么是定位，什么是二次定位。

定位包括企业自身定位、市场定位、客户群定位等，重新定位的对象自然也是与之相同。不同的是，重新定位比起之前的定位来说，要更为细致和准确，而且二次定位也有着之前定位的数据和经验作为参考，所以从难度来说，并不会超过前者。

而重新定位的评判标准也很简单，那就是要满足定位的关键词。这三大关键词分别是利润增长、持续长期、独特价值。企业的定位只有满足这三大关键词，才能被称之为合格的定位结果。

那么，**企业该如何进行重新定位呢？**

定位内容要注重利润的长期增长。企业的利润，最理想的情况当然是持续暴利，即便是退而求其次，至少也应该是持续盈利的。所以，不管是针对市场、企业自身还是客户群的定位，都必须以企业持续利润为前提。

收集客户反馈的信息。客户的意见永远是最重要的，因为他们会从消费者的角度看问题，能够发现很多企业存在的缺陷，而这些缺陷往往是企业自己看不到的。有了消费者的意见，管理者就能快速地找到其定位中存在的问题，从而加以改进，这也是二次定位的一个重要方面。

市场调研。市场的需求企业应当摆在第一位，这并不只是说说的，而是要企业真的去调查和了解。企业可以通过网络、销售渠道等途径，了解当前的市场需要是什么、缺少什么、什么产品卖得好这一类的信息，从而给企业的市场定位打下一个好的基础。

值得注意的是，在二次定位时，并不是说企业重新定位就要将原有的定位结果完全抛弃，而是要根据再定位的结果，对于以前的内容取其精华去其糟粕，既能节省大量的时间和精力，也能防止重新定位造成企业商业模式的“崩盘”。

不断优化，丢掉失败的自己

企业的商业模式，尤其是M立方商业模式，最需要的不是一个良好的开头，也不是建立和完善中途的某些亮点，更不是从一而终的坚持，而是最终的结果，是投入使用的实践经验，谁能坚持住谁就能笑到最后。商业模式的成功与否，看的是结果，是投入使用的实践经验。这就决定了，一个良好的开头（定位）并不代表企业就已经成功了，而是需要这个过程中不断的优化与改进，最终丢掉失败的自己。

企业进行系统性的优化，是有百利而无一害的。

通过优化，能够发掘企业的缺陷与不足。这是企业进行优化的最主要原因，哪怕是已经有着一套相对成熟的商业模式的企业，也不敢说自己的模式就不存在一丝一毫的缺陷，更何况那些刚刚接触商业模式的企业。因此，企业的优化就很有必要了。根据企业收集到的信息，对于运营过程中出现的一些纰漏，进行有效的弥补，就能够帮助企业在下阶段不出现类似的失误。时间久了，就能帮助企业的绝大多数环节得以完善，其商业模式自然不容易出差错了。

商业模式的优化，有助于开发新的利润增长点。凡是尝试过优化系统的管理者都会惊喜地发现，他们在优化的过程中，不仅能够弥补之前的漏洞，甚至有时候还有着意料之外的收获，发现了新的利润增长点。某大型超市的老板决定对于超市手扶电梯进行一次改建，但是发现，无论怎么组装、焊接，手扶梯之间总会存在一些缝隙。这时候，一个灵感就打动了他——既然这些缝隙无可避免地占据空间，那么为什么不让它为超市服务呢？因此，就有了超市手扶电梯中间的货架，能够让顾客在等待到达目的地的同时，轻松地挑选其中的商品。这就是优化创造利润的一个生动形象的范例。

在优化的过程中必须要注意，若非必要，不能将过去的系统完全舍去。企业的持续经营决定了优化必然是一个长期的工作，不是一朝一夕就能将原有的东西完全推翻的，必须一步一步来，而不是一口吃成一个胖子。否则，将之前的管理模式、营销模式乃至所有的商业模式一下子推翻，很容易造成经营的停滞，反而不利于企业的发展。

那么，**企业该如何进行优化呢？**

首先，从每一个环节着手。企业的优化过程中，每一个细微的环节，哪怕是公司的保洁问题，都属于系统优化要考虑的对象。所以，企业运营的每一个步骤，包括销售、生产、宣传、返单、财务管理、人事、制度、物流、后勤、客户管理等各个方面，都是企业需要考虑的内容。

其次，制度决定一切。没有规矩不成方圆，这句话放之四海而皆准，尤其是在企业建立商业模式的初期、人心未稳的情况下，更需要企业制定详尽的管理制度来约束员工。而在制度管理员工的同时，也是对于企业商业模式的管理，一旦有什么需要优化的地方，通过优化制度，就能够很轻松地实现模式的优化。

M立方商道逻辑：变中求异，稳中取胜

在企业追求创新的过程中，虽然要争取借鉴一些对自己有用的模式，但是正如前文所提及的内容所述，不管是何种商业模式，都是要求企业的定位能够使企业具备独特的价值，M立方商业模式也不例外。

独特价值，最关键的就在于“独特”二字。并不是说简单的创新了、变化了就行了，没有特殊价值来满足顾客的需求，企业同样是没有吸引力和竞争力的。

因此，变化中寻找不同点，就显得非常重要了。在现在的市场上，很多行业甚至将“求异”摆在了首要位置，因为在他们看来，标新立异在本

行业已经成为核心竞争力之一。

但是独特并不意味着企业要盲目创新和冒进。没有根基的树木，不可能存活，离开根基漂泊的树叶，也终将落地。企业在寻求通过创新来制造差异化的同时，不能忽视其最根本的东西，那就是其基本的运营模式。

少了最根本的运营模式，别说是创新，就连企业最基本的生存和发展都会成问题。所以，企业要真正贯彻 M 立方商业模式，就必须知道，稳中求进、稳中求胜才是其核心观念。

那么，**有什么创新方法是最为稳妥的呢？**

调查了解客户的需求，满足他们的独特要求。随着经济的发展和人们生活水平的提高，客户对于主流产品的需求度其实并不是特别高，相反，他们对于一些新奇、有趣的事物，往往是毫无抵抗力的。如现在很流行的整蛊玩具、女仆咖啡店、民族特色餐厅等，都是利用消费者的这一心态而取得成功的。

企业要做的，就是进行深入的市场调研，了解人们（哪怕是少数人）的消费意愿和倾向，在企业主流产品的基础上进行创新，开拓新的市场，这就是对于传统市场的颠覆了。

客户的需求是企业应该优先考虑的，只有在这一方面做到了，才最容易做到创新和创造独特价值。

另一个方法，是参照企业的原有项目和工作，联系其他行业或者是领域的最新动态，进行适当的延展，这也是一种创新，独特性自然更强。

如有很多模型生产商，生产出来的模型玩具不受欢迎，他们就以当前流行、知名的动漫作品如海贼王、变形金刚等为模板，生产出来的模型玩具不但极受欢迎，商品的附加值也大大提高了。

因此，多行业结合、跨行业延伸，已经成为当前行业创新的走向之一，只有想象力丰富的企业，才能将企业自身的特点与其他行业的特点紧密结合。而具体怎样去做，则要结合各行各业的具体特点、业务范围来决定了。

后 记

经过多年的研究与无数个日夜的苦心创作，伴着亲朋好友及企业人、学员的期许，《M 立方：寻找适合中国企业的最佳商业模式》一书终于得以顺利出版。很遗憾，一转眼就到了本书的尾声。之所以说遗憾，是因为舍不得画上最后一笔句号。

比起不得不结束创作，我更期待本书能够尽快出版，为中国企业人找到属于自己的最佳商业模式尽一份绵薄之力。

完成《M 立方：寻找适合中国企业的最佳商业模式》以后，我就在思考另一个问题：究竟如何才能把中国企业的模式更加深入地、长期地进行研究，如何才能更高效、更系统地帮助中国企业顺利定模式，定天下呢?

从这个意义上说，我的研究并非真的结束了，而是刚刚开始。

相信此刻的你已经将我总结出的精华内容吸收腹中。而你，也会带着这种满足感自信地开启新的旅程。

最后我要补充一点，寻找商业模式的过程是企业定位、再定位，最终找到盈利点的过程。定位为企业指明了方向，做企业，方向比努力更重要。之所以再定位，是由于企业定位找到蓝海之后，会因为新竞争者的加入以及消费者喜好的转变，市场重新出现危机，此时就要再定位，寻找更准确的市场。从某种程度上来说，定位指的是细分市场，而再定位指的是微分市场。

至于找到盈利点，则是一个事关企业成败的大问题。现在很多成功企业的盈利点，都藏在风光的表面背后，如麦当劳不是靠卖汉堡赚钱，而是靠地产发家；国美不是靠卖电器赚钱，而是靠房产和其他金融方式发家；沃尔玛也不是靠零售赚钱，而是靠关税发家……

我国的企业，尤其是创业型企业的失败，50% 是由于没有准确定位，没有找到能够持续盈利的商业模式。

在未来十年内，我国的企业要想发展，必定是依托商业模式定位的成功。这也是我国企业在不久的将来成功登陆西方发达国家资本市场的最有力的支点和杠杆！

最后，衷心祝愿各位能在不远的将来，站在商业模式的最高峰挥舞胜利的旗帜！

2013 年 6 月于北京